KB040702

부모의 말

부모의 말

김종원

아이의 마음을 제대로 읽은
부모의 말은 다릅니다

부모의 말은
달라야 합니다

"요즘 아이들은 너무 버릇이 없다. 그들은 마치 폭군과도 같다. 부모에게 대들고 음식을 게걸스럽게 먹으며 스승에게도 대든다."

어떤 부모가 들어도 공감할 수 있는 표현이 모여 있는 글이죠. 누구의 말일까요? 요즘 시대를 살아가는 누군가의 불평이라고 생각하겠지만, 놀랍게도 무려 기원전 425년, 유명한 철학자 소크라테스의 푸념입니다. 그래요, 기원전에도 그랬고 지금도 마찬가지로 아이들은 원래 버릇이 없습니다. 결코 본성이 나빠서 그런 게 아닙니다. 버릇이 무엇인지 배운 적이 없어서 그렇죠.

하지만 늙어서도 버릇이 없다면 문제가 되겠지요. 세상에는 아무리 나이가 많아도 여전히 버릇없는 사람이 많으니까요. 그래서 교육은 늘 내일을 보며 시작해야 후회가 없습니다.

다음 글을 필사하고 낭독하면, '아이를 본다는 것'의 가치를 다시금 스스로에게 일깨울 수 있을 겁니다.

아이를 '바라본다는 것'은
모든 순간에 사랑을 담아서
'바라며 본다는 것'입니다.
잘 바라본다는 것은
무엇을 의미하는 걸까요?

지금 그대 자신에게
이런 질문을 던져 보세요.
"지금 나는 사랑과 희망 혹은
분노와 원망 중에 무엇을 마음에 담고
아이의 눈을 바라보고 있나?"

눈과 눈을 마주하는 일은 결코
사소한 마주침이 아닙니다.
서로가 서로에게 바라는 것을
마음으로 전하는 소중한 시간이니까요.
눈빛은 마음의 언어입니다.

물론 비언어적인 부분으로도 충분히 아이에게 따스한 정서를 표현할 수 있습니다. 하지만 언어로 표현했을 때 아이가 애정을 느낄 수 없다면 큰 문제입니다. 부모의 행동과 말이 일치하지 않을 때 아이는 더 큰 방황을 하기 때문이죠.

부모의 말은 분명 달라야 합니다. 그 이유는 이렇습니다. 부모의 따스한 말을 자주 듣고 자란 아이는,

- 두려움이 줄고 용감해집니다.
- 각종 스트레스를 잘 견딥니다.
- 새로운 환경에서도 잘 적응합니다.
- 탄탄한 내면을 갖게 됩니다.
- 차분하고 자상한 성격을 갖게 됩니다.

"왜 부모만 이렇게 희생을 해야 하나!", "나도 따스한 말을 좀 듣고 싶다."라고, 충분히 불평할 수도 있습니다.

저는 이런 이야기를 선물처럼 포장해서 당신께 전하고 싶습니다.

"지금은 여러분이 아이에게 따스한 말을 주고 있지만, 결국에 그 모든 따스한 말은 아이가 어른이 되면 그대로 돌려받게 될 것입니다. 당신의 따스한 말을 듣고 자랐으니, 그런 말을 내면에 가득 담고 성장한 아이라면 아름다운 그것을 당신에게 돌려주지 않을 리 없으니까요."

부모의 말은 아이가 살아갈 정원입니다. 그 정원을 오늘도 근사하게 만들고 있는 당신은, 지금 그대로 충분히 아름답습니다.

김종원

부모의 말은
아이의 내일을 빚는
가장 섬세한
손길이어야 합니다.

차례

2장 탄탄한 내면을 구축하는 대화

3장 남다른 공부머리를 만드는 대화

4장 자기주도성을 높이는 대화

1부

아이와의 대화의 기적을 만드는
부모의 언어 철학

1장

아이의 평생을 결정하는
부모의 말

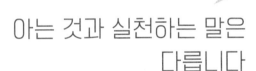

아는 것과 실천하는 말은 다릅니다

책에서 아이에게 들려줄 좋은 말을 발견했을 때나 강연에서 접했을 때는 "에이 저거 나도 아는 이야기잖아. 좋아, 오늘 나도 집에 돌아가서 아이에게 예쁜 말을 들려줘야지."라는 생각이 듭니다. 그런데 막상 아이와 대화를 하다 보면 생각도 나지 않고 예쁜 말이 나오지 않을 때가 더 많습니다. 강연장에서 제가 부모님들께 자주 듣는 하소연이기도 합니다. 참 이상하죠, 왜 생각처럼 되지 않을까요? '다 알고 있는 이야기'라고 생각하면서 말이죠.

이 문제는 우리가 평생 다이어트에 실패하는 이유와 비슷합니다. 다이어트에 관한 책을 읽는다고 살이 저절로 빠지지 않는 것과 같죠. 그게 바로 우리가 책을 아무리 치열하게 읽어도 제대로 활용하지 못하는 이유입니다.

저도 마찬가지입니다. 각종 강연을 할 때 간혹 멋진 말을 준비해서 무대에 올라섭니다.

"오늘 시작은 방금 준비한 말로 하는 거야."

그런데 현장에서는 기억이 나지 않아 평소에 하던 대로 시작할 때가 많습니다. 책에서 읽은 내용을 일상에서 실천하지 못하는 이유는 그것이 '나의 언어'가 아니기 때문입니다. 뭐든 일상에 적용하려면 깊이 사색하고 실천한 기간이 필요하죠. 그럼 자신도 모르게 그걸 실천하게 되는 날이 옵니다. 제가 낭독과 필사를 강조하는 이유도 바로 거기에 있습니다.

낭독과 필사는 낯선 언어를 조금 더 빠르게 나의 언어로 만들어 줍니다. 자주 입으로 발음하고, 또 손으로 쓰다 보면 어느새 그 언어가 익숙해지고, 아이와 일상을 보내면서도 적절히 활용하며 응용할 수 있게 됩니다.

책을 읽다 보면 제가 특별히 낭독과 필사를 권유하는 부분이 있으니 언급한 부분이 나올 때마다 차분한 마음으로 낭독하고 필사해 주세요. 그렇게 하면, 낯선 언어들이 자신의 언어가 되는 데 그리 많은 시간이 걸리지 않을 겁니다.

이번에는 조금 더 현실적인 이야기를 해보겠습니다. 주변을 둘러보면 역사적으로도 그렇고 뛰어난 학자를 배출한 집안에서 다시 또 뛰어난 학자를 배출하는 것을 자주 보게 됩니다. 이유가 뭘까요? 유전자가 다른 걸까요?

한 집안에서 연이어 높은 지성을 가진 사람과 각종 지적 능력이 뛰어난 사람이 나오는 결정적인 이유는, 단순히 그들이 좋은 환경에서 좋은 교육을 받으며 자랐기 때문이 아닙니다. 가장 중요한 이유는 그들이 일상의 대화를 통해 부모에게 양질의 언어를 배웠으며, 그것을 내면에 장착한 후에 공부를 시작했기 때문입니다. 바로 그들에게 '수준 높은 언어'라는 최고의 무기가 있었기 때문이죠. 이처럼 부모의 언어는 아이의 평생을 결정하는 결정적인 역할을 합니다.

이렇게 이야기를 하면 부모님은 또 다시 걱정을 합니다.

"우리가 또 뭘 배워야 하나요?"

"언제까지 배워야 하죠?"

안심하세요. 오히려 더 공부할 필요도, 아이를 위해 무언가를 더 갖출 필요도 없습니다. 우선 이 사실을 인지해야 합니다.

"왜 내가 아는 지식은 아이를 키우는 데 도움이 되지 않는가?"

모든 부모의 마음속에는 아이를 향한 사랑이 이미 가득하고, 앞서 언급한 것처럼 지금까지 좋다는 책과 강연 혹은 온갖 자료를 통해서 수많은 교육적 지식도 쌓았습니다. 사랑과 지식이 모두 충분한 상태입니다. 그런데 여기서 가장 중요한 문제 하나를 놓쳤을 수 있습니다.

"그 사랑과 지식이 어떤 창구를 통해 아이에게 전해지는가?"

바로 언어를 놓친 거죠. 사랑과 지식이 피라면, 언어는 그 피를 부모에게서 아이에게로 이동하게 돕는 통로입니다. 우리는 언어라는 통로를 통해서만 그동안 배운 지식과 사랑을 아이에게 전할 수 있습니다.

언어를 대하는 태도와 수준이 높아지지 않으면 무엇을 배우고 경험하든 아이의 삶을 아름답게 변화시킬 수 없습니다. 전혀 어려운 것이 아닙니다. 언어를 대하는 약간의 태도와 바라보는 방향만 살짝 바꿔 주면 아이의 모든 것이 기적처럼 아름답게 바뀔 것입니다.

아이의 변화를 이끌어 내는 부모의 말 습관

    센스가 없다는 건, 현대 사회에서 매우 무서운 말입니다. "생존력이 현저히 떨어진다."라고 표현할 수도 있기 때문이죠. 특히 언어 센스가 떨어진다는 것은 사회에서 암묵적으로 정한 온갖 규칙과 원리를 제대로 인식하지 못하는 것을 의미합니다. 이러한 사람은 늘 동문서답을 하게 되죠. 또 언어 센스가 부족하니 같이 있는 사람들을 답답한 상황에 놓이게 할 때가 많습니다. 그래서 안타깝게도 주변에 사람이 점점 더 모이지 않게 되죠. 무엇보다 큰 문제는 스스로 자신이 어떤 상태인지 자각하지 못한다는 사실에 있습니다.

    만약 아이의 언어 센스가 의심된다면 지금 한번 확인해 보는 것이 좋습니다. 아이의 언어 회복력은 지금 시작해도 충분하니까요.

우선 다음에 나열한 3가지 사항 중 하나라도 해당되면 바로 이 책에 나온 부모의 말을 활용해서 아이의 언어 센스를 높이는 게 좋습니다.

1. 상대의 기분이 어떤 상태인지 제대로 알지 못한다.

상대가 우울한 상태인지 혹은 기분이 좋은 상태인지 정확히 몰라서 자주 실수를 하게 된다. 아이를 보면 상대가 보내는 감정의 정보를 발견하지도 해석하지도 못한다는 생각이 든다.

2. 대화에서 적절한 때를 놓치거나, 제대로 호흡을 맞추지 못한다.

상대방이 말하는 것을 제대로 듣지 못하고, 반응할 순간을 놓치기 때문에 대화가 쉽게 끊기고 원활하게 이어지지 않을 때가 많다.

3. 사람들이 에둘러 표현한 말을 이해하지 못한다.

예를 들어, 적절한 대화가 이루어지지 않거나 상대방이 곤란해하는 대화 주제를 피하기 위해 "우리 이제 다른 이야기 하자."라는 말로 간접적으로 표현하면 아이는 이런 식의 사회적 신호를 눈치채지 못하고 계속 대화를 이어간다. 이로 인해 오해와 불신 등 다양한 부작용으로 고생할 때가 있다.

따스한 부모의 말을 받아본 적이 없는 아이는 사회성이 발달하지 못하기 때문에 대인 관계에서 어려움을 겪을 수 있습니다. 앞서 이야기했지만 다행히도 중학생 정도까지는 부모의 말을 통해서도 충분히 바꿀 수 있습니다.

오늘 바로 '부모의 말' 연습을 시작하세요. 부모의 말은 곧 아이의 살아갈 자본이니까요. 우리가 왜 자신의 언어 감각과 표현력의 수준을 끌어올려야 하는지 여기에 모든 이유와 답이 있습니다.

아이의 성장과 행복을 잡는
말의 힘

어떤 가정에는 좋은 소식만 반복해서 찾아오는데, 반대로 어떤 가정에는 나쁜 소식만 차례대로 찾아와 구성원 전부의 일상에 악영향을 끼치는 경우를 종종 봅니다.

사람도 마찬가지입니다. 늘 좋은 일이 끊이지 않고 생기는 사람이 있는 반면에 늘 최악의 소식만 들리는 사람이 있습니다. 이유가 뭘까요? 특별히 운이 좋은 사람이라서 그럴까요? 시작은 바로 그 사람의 말에 있습니다.

여기 두 사람이 같은 빵집에 가서 같은 빵을 선택해서 즐겼습니다. 한 사람은 이렇게 평을 합니다.

"여기 빵은 진짜 옛날 방식이네. 너무 달아서 도저히 먹을 수가 없어. 완전 최악이야."

같은 빵을 즐긴 다른 사람은 이렇게 평을 합니다.

"여기 빵은 단맛이 장점이라 예전 맛을 그리워하는 분들이 방문하면 만족도가 높아질 것 같아."

같은 음식을 먹고 같은 맛을 느꼈지만 평가의 방향은 극명하게 대비되죠. 한 사람은 나쁜 쪽으로만 치우쳐 비난에 가까운 평을 하고, 다른 한 사람은 자신의 평가가 누군가에게 정보가 될 수 있게 좋은 방향을 찾아 섬세하게 표현을 했습니다. 두 사람 중 누구에게 좋은 일이 끊이지 않을까요? 같은 상황에서도 누가 더 좋은 것을 발견할 수 있을까요?

우리가 맞이하는 현실은 대부분 비슷합니다. 특별히 운이 좋거나 유난히 기적이 자주 발생하는 사람은 없습니다. 중요한 건 자신에게 일어나는 상황을 어떤 방향으로 바라보느냐에 따라서 그 상황이 좋게 바뀔 수도 있고, 최악으로 바뀔 수도 있다는 사실입니다.

늘 좋은 소식이 끊이지 않는 사람이 되려면 늘 좋은 방향의 언어를 찾아야 됩니다. 어떤 상황에서든 '누군가에게 도움이 되려는 마음'과 '세상에 나쁜 상황은 없다는 태도'를 갖고 있다면, 좋은 소식만 찾아오는 인생을 만들 수 있습니다.

우선 이것 하나만 바꾸면 됩니다. '때문에'라는 표현을 모두 '덕분에'라는 표현으로 대체하는 것입니다. '때문에'라는 표현 뒤에는 부정적인 상황이나 못된 마음이 나올 가능성이 매우 큽니다. 그런데 '덕분에'라는 표현 뒤에는 긍정적인 상황이나 좋은 마음이 나올 가능성이 큽니다. 상황 그 자체를 바꾸는 것이 아닌 상황을 바라보는 언어의 시선을 바꿔서 좋은 것만 눈과 마음에 담는 것입니다.

예를 들어서 한 가족이 동네 중국집으로 외식을 가려고 나왔는데, 마침 그날이 영업을 하지 않는 날이라 발길을 돌려 냉면을 파는 식당에 가는 상황이라면 이렇게 말하는 겁니다.

"중국집이 영업을 하지 않아서 덕분에 시원한 냉면을 즐길 수 있게 되었네. 마침 몰랐던 맛집도 찾아냈고 말이야."

이렇게 '때문에'를 '덕분에'로 바꾸면 저절로 상황을 긍정적으로 바꿔서 '좋은 부분'을 찾아내게 됩니다. 환경을 구성하는 요인 중 달라진 건 하나도 없는데, 표현 하나를 바꾼 덕분에 일상이 완전히 바뀌게 되는 거죠. 이렇듯 '때문에'와 '덕분에'라는 표현만 제대로 사용해도 아이가 만날 세상을 더 크게 확장할 수 있습니다.

아이와의 대화를 나눌 때도 '덕분에'라는 말을 자주 사용하는 게 좋습니다. "너 때문에 내가 이 고생이다."라는 말은 나쁜 소식을 부르는 대표적인 표현입니다. '덕분에'라는 표현을 마음에 담고 살면 우리는 언제든 아이와 주변을 둘러싼 모든 환경에서 가장 좋은 것만 발견할 수 있고, 또 좋은 소식만 부를 수 있습니다. 언어의 세계를 확장하면 아이가 만날 세상까지 확장할 수 있습니다.

아이의 자존감을 지켜 주며
섬세하게 혼내는 법

    사랑스러운 우리 아이를 가능한 한 혼내고 싶지 않은 마음이 모든 부모의 마음일 것입니다. 하지만 삶의 곳곳에서 어쩔 수 없이 아이를 혼내야만 하는 상황을 마주하게 됩니다. 그래서인지 각종 서적이나 온라인 커뮤니티를 조금만 살펴도 '아이를 제대로 혼내는 법'이라는 글을 어렵지 않게 찾을 수 있습니다.

    모두 좋은 방법을 제시하고 있는데, 그 다양한 방법을 짧게 압축하면 이렇습니다.

    "먼저 아이의 눈을 바라보며 따스하게 소통하라. 아이의 말을 먼저 듣는 게 중요하다. 아이의 말을 들은 다음에는 혼내는 이유에 대해서 설명하고, 마지막으로 일관성을 유지하며 혼내는 것이 중요하다."

우리 부모님들도 모르는 게 아닙니다. 그런데 그 쉬운 것이 왜 현실에서는 제대로 이루어지지 않는 걸까요? 우리가 모르는 것은 방법 그 자체가 아니라, 그래야만 하는 이유입니다. 이유를 알아야 내 아이에게 맞는 단 하나의 방법을 찾아낼 수 있습니다. 이때 꼭 기억해야 할 다음 3가지 포인트가 있습니다.

1. 잘하는 것을 찾기 위해 혼내는 것입니다.

혼내는 것은 잘못한 부분만 찾는 게 아니라, 잘하는 것도 세심하게 찾는 일입니다. 이 지점이 매우 중요합니다. 아이의 잘못을 고치고 싶다면 반대로 잘했을 경우를 놓치지 않고 칭찬해야 합니다.

그러나 일상에서는 이것도 쉽지 않습니다. 상대가 못했을 때 자꾸만 더 신경이 쓰이기 마련입니다. 아이의 잘못을 수정하고 좋은 방향으로 이끌고 싶다면 못했을 때보다 잘했을 때 한 번 더 눈을 떠서 관심을 보이고 좋은 마음을 전하도록 해보세요. 그래야 아이도 더욱 잘하려고 노력하게 됩니다.

2. 부모 자신을 돌아보기 위해 혼내는 것입니다.

아이는 잘못한 것이 별로 없습니다. 말과 행동 모두 부모에게서 배운 것들이니까요. 결국 아이를 혼내는 것은 자신을 혼내는 것과 같습니다. 거기에서 시작해야 혼내는 과정이 아름다워집니다.

아이를 혼내기 전에 자신에게 이런 질문을 먼저 해보세요.

"요즘 아이와 충분히 많은 시간을 보냈는가?"

"혹시 아이의 마음에 억울함이 있지는 않은가?"

"혹시 나의 욕망에서 시작한 잘못은 아닌가?"

이 모든 것에 확신이 들 때만 아이를 혼내는 게 좋습니다. 하나라도 분명하지 않다면 아이에게 다가가서 사랑하는 마음이 전해질 때까지 세게 안아 주세요.

3. 자존감을 지켜 주기 위해 혼내는 것입니다.

아이의 자존감은 아이 스스로 해결해야 할 문제가 아닙니다. '아이의 자존감은 부모가 지켜 주는 것'이기 때문이죠. 하나의 인격체로 존중하며, 늘 섬세하게 다가가 대화를 나누고, 함부로 화를 내거나 야단을 치지 않을 때, 아이는 그런 부모의 모습을 보며 자신을 향한 강한 자존감을 느끼게 됩니다. 혼나는 행위를 통해서 자존감을 높일 수 있는 거죠.

모든 아이에게는 이미 탄탄한 자존감이 존재합니다. 부모가 일상에서 수준 낮은 언어로 자꾸만 아이의 자존감을 빼앗고 자르지만 않는다면 말이죠.

내 아이가 내면의 탄탄한 자존감을 통해 근사한 어른으로 성장할 수 있다는 사실을 기억하세요. 아이의 자존감은 만들어 주는 게 아니라 지켜 주는 것입니다.

이와 같이 혼내는 것 하나에도 아이의 세계는 심하게 변화합니다. 그 과정이 아름답다면 아이의 세계에도 귀한 빛이 찾아오겠지요. 늘 좋은 것만 주겠다는 마음 하나만 있다면, 그런 마음에서 나온 부모의 말을 들은 아이는 실망스러운 선택을 하거나 낮은 의식 수준의 어른으로 성장하지 않을 것입니다.

아이의 창의력을 망치는 가장 나쁜 말

자녀교육에서 가장 많이 착각하고 있는 것 하나가 '창의력'이라는 대상을 마치 과목처럼 생각해서 가르칠 수 있다고 생각한다는 사실입니다. 이것은 초점이 완전히 빗나간 엄청난 착각입니다. 일단 창의력은 어느 한 사람이 선물을 주듯 다른 한 사람에게 줄 수 있는 것이 아닙니다. 게다가 모든 아이들에게는 자기만의 창의력이 내재되어 있습니다. 굳이 부모가 혹은 학원에서 창의력을 키우려고 노력할 필요가 없다는 말입니다.

아이들에게 필요한 것은 창의력을 키우려는 교육이나 각종 시험이 아니라, 창의력을 발휘할 '기회를 주는 것'입니다. 아이는 이미 창의력을 갖고 있기 때문이죠.

그럼 이제 질문도 바꿔야 합니다. 창의력을 키울 질문이 아닌,

창의력을 꺼내서 발휘할 수 있게 돕는 질문이 필요합니다.

창의력을 꺼낼 수 있는 질문에는 무엇이 있을까요? 우선 그 반대로 창의력을 봉쇄하고 나오지 못하게 하는 질문을 먼저 소개합니다. 아마 주변에서 자주 들어본 질문일 수 있습니다. 교육에 참석한 부모님들께 문해력 향상을 위해서 아이들에게 '기품'이나 '품위' 등과 같은 단어를 정의할 수 있게 해보라고 제안하면, 이런 식으로 불가능성을 표현하는 분이 계십니다.

"나도 모르는데 아이에게 하라고요?"

"아이가 이걸 이해할 수 있을까요?"

"굳이 이런 것까지 아이에게 시켜야 하나요?"

아직 초등학생이니 어려서 못할 수 있다고 생각할 수 있습니다. 이해합니다. 그러나 이것 하나만 묻고 싶습니다.

"왜 아이가 할 일을 부모가 나서서 재단을 하나요?"

"아이에게 묻지 않고 왜 아이의 가능성을 제한하나요?"

"아이가 정말 기품을 정의할 수 없을까요?"

이런 식의 말을 하는 사람들을 오래 관찰해 보면 어렵지 않게 아이에게 이런 말을 많이 쓰는 것을 발견할 수 있습니다.

"네가 그렇지 뭐."

"네가 뭘 제대로 할 수 있겠어."

"난 왜 이렇게 불행한 거야."

"힘든 일은 다 내 몫이구나."

"저 사람들은 잘만 살던데."

그렇습니다. 일상에서 모든 가능성을 배제한 언어만 사용하고 있는 겁니다. 이처럼 불가능성에 근접한 부모의 말을 듣고 자란 아이의 창의성은 어떻게 될까요? 당연히 날이 갈수록 희미해져서 나중에는 아예 사라지겠죠. 부모가 아이를 생각하며 떠올리는 언어를 바꿔야 합니다.

나도 모르는데 아이에게 하라고요?
→ 나는 모르지만 아이는 알 수도 있지.

아이가 이걸 이해할 수 있을까요?
→ 내 아이라면 이해할 수 있을 거야.

굳이 이런 것까지 아이에게 시켜야 하나요?
→ 이것도 역시 아이에게 쓸모가 있을 거야.

아이를 바라보는 부모의 언어에 가능성이 녹아들면, 그런 부모의 입에서 나오는 말을 듣고 자란 아이 역시 자신의 창의성을 활짝 열어서 세상에 보여 줄 것입니다.

나중에 나이가 들어 아이가 해주는 근사한 말을 자주 듣는 인생을 살고 싶다면, 지금 앞에 있는 아이에게 근사한 말을 자주 들려주세요. 아이가 커서 어른이 되면, 어릴 때 당신에게 자주 들었던 말을 들려줄 테니까요.

아이들은 귀와 마음으로 받았던 언어만 부모에게 들려줄 수 있습니다. 받지 못한 언어는 말할 수 없는 게 당연하죠. 아이가 예쁘게 말하지 않는 이유는 그런 말을 부모에게서 들어본 적이 없기 때문입니다. 지금이라도 틈날 때마다 예쁘고 근사한 말을 자주 들려주세요. 힘들다고 생각하지 말아요. 어차피 10년 뒤, 부모가 그대로 돌려받을 말들이니까요.

지금이라도 당장 시작하는 게 좋습니다. 불가능하다는 말보다 너무 늦었다는 말이 부모 마음을 더 아프게 합니다. "조금만 빨리 시작해서 골든타임을 놓치지 않았다면"이라는 말은 평생 부모 가슴에 뼈아픈 후회로 남을 수 있습니다. 늦지 않게 때에 맞게 적절히 대처하고 대응하는 것이 무엇보다 중요합니다.

더 잘할 필요는 없습니다. 이건 경쟁이 아닙니다. 그저 사랑이라는 표현이 필요할 때 사랑을 보여 주고 손에 쥐여 주는 게 중요하니까요. 보여 주고 쥐여 주면 아이가 알아서 활용하지만 보이지 않으면 무엇도 바랄 수가 없습니다.

아이의 열등감을
성장 에너지로 활용하려면

"부자 친구들 사이에서."

"공부를 잘하는 친구들 사이에서."

"외모가 뛰어난 친구들 사이에서."

"인기가 많은 친구들 사이에서."

부모님들은 잘 모를 수도 있지만, 아이들은 매일 이런 종류의 열등감을 느끼며 살고 있을 수도 있습니다. 아이들을 열등감에서 벗어나게 하려면, 그 시작이 어디인지 알아야 합니다.

열등감은 다음 두 가지 감정에서 시작하는 경우가 많습니다.

"나는 남들보다 못한 사람이야. 누구도 이런 나를 좋아하지 않을 거야. 이러니 친구도 제대로 사귈 수 없겠지."

"내게는 아무런 가치가 없어. 나처럼 능력이 없는 사람이 또 있을까? 매번 실패만 하고 나아지는 게 없잖아."

열등감은 눈에 보이는 실체가 아닙니다. 스스로 그렇게 해석한 것에 불과합니다. 그래서 우리는 시각을 바꾸는 것으로 열등감을 오히려 성장의 촉진제로 활용할 수 있답니다.

앞에서 언급한 열등감을 일으키는 두 가지 감정을 대표하는 단어를 사용해서 설명해 보겠습니다. '싫어한다'와 '실패한다'가 바로 그것입니다.

1. 모두 나를 싫어해.

여기에서 가장 중요한 것은 "모두가 너를 좋아해."라는 과장된 거짓을 말하지 않는 것입니다. 이러한 말이 오히려 아이에게 더 부정적인 영향을 준다는 사실을 자각하고 있어야 합니다. 정확하게 현실을 알려 주어야 아이가 현실에서 방황하지 않습니다. 이런 식으로 말해 주면 가장 좋습니다.

"모두가 너를 싫어하는 것은 아니야. 세상에는 너를 좋아하는 사람도 있고, 반대로 너를 싫어하는 사람도 있지. 하지만 그건 너의 잘못이 아니야. 사람마다 서로 맞는 부분이 다르기 때문이지. 너와 잘 맞아서 서로 좋아하는 사람을 만나 행복한 시간을 보내면 되는 거야. 우리, 주변에 어떤 좋은 사람이 있는지 함께 생각해 보자."

2. 이번에도 실패하겠지.

여기에서 중요한 것은 '실패'라는 단어에 대한 정의를 새롭게 해야 한다는 사실입니다. 실패를 부정적으로 해석하지 않게 해 주시고, 성공하기 위해 꼭 거쳐야 하는 과정이라고 생각하게 해 주세요. 마치 지하철이나 버스 정류장처럼 꼭 들러야 하는 하나의 공간이라고 말해 주면 더욱 효과가 좋습니다. 그리고 그 내용에 대해 이렇게 자세하게 설명해 주세요.

"아무리 뛰어난 사람도 늘 성공할 수는 없어. 이번에는 실패했지만 다음에는 성공할 수도 있어. 실패와 성공은 서로 차례를 바꿔가며 우리를 찾아오지. 그러니까 이번에 실패했다면 다음에는 성공할 가능성이 높아지는 거야. 우리, 가능성을 높이려면 어떻게 해야 하는지 함께 생각해 보자."

일상으로 돌아가 생각해 보죠. 머리가 좋은 친구를 보면 아이들은 보통 이런 생각을 합니다.

"머리가 좋으니까 공부도 잘하지."

이런 경우 바로 열등감에 사로잡혀 자신을 망치게 됩니다. 하지만 위에서 '실패한다'와 '싫어한다'라는 표현을 통해 열등감을 긍정적으로 활용하는 방법을 알게 된 아이는 반대로 이렇게 생각하게 됩니다.

"저 친구는 머리가 좋은데 공부까지 열심히 하네. 나는 더 열심히 해야겠다."

어떤가요? 단순히 열등감에 사로잡혀 있는 아이, 그리고 그걸 성장 에너지로 활용하는 아이, 이 두 아이는 앞으로 전혀 다른 삶을 살게 될 겁니다. 이렇게 시각을 조금만 바꿔도 보이는 것들이 달라집니다.

늘 보이는 게 전부가 아니라는 사실을 아이에게도 알려 주세요. 위에서 정의한 내용을 매일 아이와 낭독하고 필사하면 우리 아이도 저절로 그런 시각을 갖고 살게 됩니다.

아이의 마음을 읽는
두 가지 사랑의 기술

아이는 부모의 주목을 받지 못하면 못된 행동과 말을 해서라도 주목을 받으려고 하는 경향이 있습니다. 그런 나날이 이어지면 아이에게 안 좋은 영향을 미치기 때문에 최대한 빠르게 그리고 깊이 아이의 마음을 읽을 수 있어야 합니다. 부모의 관심과 사랑을 독차지하고 싶은 아이의 마음을 이해하는 것이 마음을 읽는 일상의 시작입니다.

시작은 눈물과 투정입니다. 자기 뜻대로 되지 않으면 아이는 짜증이 나기 때문이죠. 그래서 이유 없이 울거나 투정을 부리며 힘든 마음을 표현합니다. 이때 부모는 아이가 아무런 이유 없이 그런다고 생각하지 않아야 합니다.

"누가 자꾸 울고 있지!"

"엄마가 그러지 말라고 했어, 안 했어!"

이런 식의 표현은 아이의 마음을 더욱 답답하게 만들 뿐입니다. 아이는 사랑을 표현한 것인데, 그걸 두고 부모는 비난과 함께 질책으로 일관하고 있으니까요.

아이의 모든 말과 행동에는 분명한 이유가 있습니다. 아이 마음을 읽으려는 행위는 거기에서 시작하는 게 좋습니다. 아이 마음을 읽지 못한 상태로 나온 모든 해결책은 결국 아이를 힘으로 억누르게 됩니다. 아이는 이를 통해 심각한 마음의 상처를 입게 되죠. 그리고 아이는 그 결과를 부모에게 알려 주기 위해서 일부러 무능력하고 무기력한 모습을 보여 주기도 합니다. 스스로 자신을 망치면서까지 부모의 시선을 잡으려고 하는 거죠. 안타까운 아이의 마음이 느껴지시나요. 그런 상태까지 가지 않고 아이의 현재를 제대로 파악하려면, 대화에서 다음 두 가지를 꼭 기억해야 합니다.

1. 공감할 때는 '공감'에만 초점을 맞춥니다.

아이가 원하는 것은 공감입니다. 결코 조언이나 잔소리가 아닙니다. 부모가 주고 싶은 것이 아닌, 아이가 원하는 것만 주는 게 좋습니다. 다른 것들은 마음을 읽는 데 전혀 도움이 되지 않습니다.

2. 허락할 때는 어떤 '단서'도 붙이지 않습니다.

허락할 때 단서를 붙이는 것은 가장 나쁜 경우 중 하나입니다. 무언가 하나를 허락하면서 '대신'이라는 표현으로 단서를 붙이는 거죠.

"좋아, 네 부탁은 들어줄게. 대신 오늘 게임은 적당히 하는 거다."

아이가 게임을 덜 하기를 바라는 마음은 이해하지만 방식이 틀리면 아무런 소용이 없습니다. 허락할 때는 허락만 하는 게 좋습니다.

아래 제시한 6개의 글은 부모와 아이가 서로의 마음을 읽을 때 도움이 될 내용을 담은 글입니다. 아이가 아직 어려서 글을 잘 이해하지 못한다면, 부모가 낭독으로 자꾸 반복해서 들려주는 것도 좋습니다. 뜻은 이해하지 못할 수 있지만, 그 문장을 발음할 때 느껴지는 부모의 진심은 마음으로 해석할 수 있으니까요.

1. 말로만 외치면 실패하지만, 삶에서 실천하면 성공할 거야.

2. 내일 일은 걱정하지 말자. 오늘 우리는 뭐든 할 수 있으니까.

3. 우리는 서로 사랑하는 만큼 배울 수 있어. 사랑은 늘 한계를 극복하게 해 주니까.

4. 언제나 서로에게 진실하자. 거짓말은 우리의 언어가 아니잖아.

5. 네가 있어서 우리의 하루는 더욱 완벽해지고 있어.

6. 우리 천천히 서로의 발을 맞추며 걸어가자. 그래야 더 멀리까지 웃으며 갈 수 있으니까.

함께 사는 배우자와 소중한 아이의 모습을 바꾸는 건 참 힘듭니다. 성급하게 말하고 행동하는 태도와 쉽게 판단하고 상처를 주는 성향 역시 아무리 바꾸라고 외쳐도 잘 들질 않죠. 그래서 사랑하는 가족을 가장 아름답게 만들려면 먼저 그들의 마음을 읽어야 합니다. 사람은 억지로 바꾸는 것이 아니라, 스스로 바뀌는 것이라 그렇습니다.

같이 사는 기간이 길어지면 식성도 닮아가듯, 상대에게서 보고 싶은 모습을 내가 먼저 보여 주면, 상대도 그 가치를 깨닫고 조금씩 자신을 바꾸게 될 것입니다.

아이 스스로
자기 잘못을 고치게 하는 법

나쁜 마음으로 아이를 혼내는 부모는 없습니다. 모든 부모는 아이의 잘못을 지적하거나 알려 주며 이런 귀한 마음을 품고 있지요.

"잘못된 부분을 꼭 고쳐서 내 아이를 조금 더 멋지게 살게 해 주고 싶다."

참 아름다운 마음입니다. 그러나 일상에서 그 마음이 제대로 실현되지 못하는 이유가 뭘까요? 왜 늘 필요 이상으로 혼내고, 서로 마음 상하고, 결국에는 제자리로 돌아오는 걸까요?

분노와 질책 혹은 혼내는 것으로는 아이의 잘못을 깨닫게 해줄 수 없기 때문입니다. 물론 이렇게 응수할 수도 있겠지요.

"그건 뭘 모르니까 하는 말입니다. 요즘 애들이 얼마나 영악한데요. 혼내지 않으면 말을 듣지 않아요."

"혼낼 때는 혼내야죠."

그것도 맞는 말입니다. 그러나 하나 묻고 싶습니다.

"당신이 말한 그 방법이 지금 성공하고 있나요?"

만약 아니라면 제 이야기에 귀를 기울여 주시길 바랍니다. 우리는 늘 더 좋은, 내 아이에게 더 맞는 방법을 찾아야 합니다.

혼내거나 지적하지 않고도 아이의 잘못된 행동을 저절로 나아지게 하려면 뭘 해야 할까요? 논리적인 접근? 감성에 호소하기? 강압적인 태도로 윽박지르기?

모두 아닙니다. 우리에게 필요한 건 단 두 가지입니다. 하나는 '서로를 향한 믿음'이고, 나머지 하나는 '진실한 설명'입니다. 그렇다면 믿음은 어떤 방식으로 만들 수 있을까요?

질책하려는 마음을 차분하게 비우고 부드럽게 만들어 다가가겠다는 의지가 필요합니다. 그래서 이런 식의 표현은 지양해야 합니다.

"그거 하지 말라고! 내가 몇 번을 말했니!"

"지긋지긋하네, 그 버릇 정말 보기 싫다고!"

이처럼 아이가 보기 싫은 행동을 버릇처럼 반복할 때면, 많은 부모님들이 현장을 지적하며 말하고 싶은 강렬한 욕망에 사로잡히게 됩니다. 그러나 아이는 현장에서 검거해야 하는 범죄자가 아니라는 사실을 상기할 필요가 있습니다.

당장 지적하고 싶은 마음을 누르고 시간을 두고 바라보면 분노했던 마음이 가라앉으며 이전에 없던 다른 수준의 언어가 마음속에 나타납니다. 그때 나타난 언어가 바로 아이와 부모 사이를 돈독히 하는 '믿음의 언어'입니다.

예를 들면 이런 식의 표현입니다.

"나는 네가 좋은 버릇을 많이 가지고 있으면 좋겠어. 사실은 나도 그게 쉽지 않았거든. 우리 같이 노력해 보면 어떨까?"

단순히 언어만 부드럽게 바뀐 게 아니라, 지적하려는 마음과 분노했던 태도까지 완전히 달라졌다는 것이 느껴지지 않나요?

이렇게 순식간에 말의 뉘앙스가 바뀐 이유는 간단합니다. 아이를 사랑하고 아끼는 부모 자신의 마음을 설명한 말이라서 그렇습니다. 그것이 바로 제가 앞서 말한 '진실한 설명'입니다. 믿음의 관계를 회복한 후 진실한 설명으로 부모가 자신의 마음을 전하면, 아이는 스스로 생각하며 자신의 잘못을 돌아보게 될 겁니다.

"아, 이런 부분은 고치는 게 좋겠네."

"그래서 부모님이 그렇게 말씀하셨던 거였구나."

이 모든 것이 매우 자연스럽게 이루어지죠. 순리대로 자신의 잘못을 자각하고 반성하며, 이어서 깨달음의 과정이 이루어집니다. 부모는 그저 아이의 멋진 변화를 지켜보기만 하면 됩니다. 언제나 그렇듯 아이는 억지로 바꾸는 것이 아니라, 스스로 바뀌는 거니까요.

부모가 해야 할 일은 아이가 자신의 잘못을 돌아보며 스스로 바꿀 만한 가치를 볼 수 있게 기다려 주는 것뿐입니다. 기다리면 아이의 모든 일이 아름답게 완성될 겁니다.

아이의 공부머리 형성을 막는
부모의 5가지 말버릇

뭘 시작해도 기대 이상으로 해내는 아이가 있는 반면에 아무리 노력을 해도 제대로 하지 못하는 아이가 있습니다. 이유가 뭘까요? 다양한 요인이 있겠지만, 삶의 많은 부분에서 차이가 나는 이유는 '공부머리'에 집중되어 있습니다. 뭐든 제대로 하고, 기대 이상으로 해내고, 스스로 기쁘게 배우는 아이에게는 모두 '공부머리'가 있습니다. 또한, 그런 아이들에게서 나타나는 공통점이 하나 있는데, 모두 부모에게 공부머리 형성에 도움이 되는 말을 자주 듣고 자랐다는 점입니다.

여기에서 부모님께 하나 희망적인 이야기를 들려드립니다. 바로, 굳이 공부머리 형성에 도움이 되는 말을 들려주지 않아도 된다는 사실입니다. 제목에서 언급한 것처럼 아이의 공부머리 형성을 막는 말버릇만 바꾸면, 아이의 공부머리는 저절로 아이 삶에 자리를 잡게 될 것입니다.

1. 모든 것을 부정적으로 바라보는 말버릇

"거봐, 내가 그럴 줄 알았어."

"도대체 네가 잘하는 게 뭐니?"

모든 것을 부정적으로 바라보는 부모의 말버릇에 길든 아이는 어떤 새로운 상황에도 쉽게 적응하지 못합니다. "나는 결국 안 될 거야."라는 생각이 아이의 머릿속을 지배하고 있기 때문이죠.

긍정의 언어를 생각해 보아야 합니다. 늘 이런 질문을 마음에 품고 아이를 바라봐야 하죠.

"더 좋은 말이 없을까?"

"조금 더 부드럽게 말하려면 어떻게 해야 할까?"

2. 일방적으로 명령하는 말버릇

주변을 보면 혼자 힘으로는 아무것도 시작하지 못하거나, 주도적으로 무언가를 제대로 해내지 못하는 아이들이 많습니다. 그 이유는 이 말에서 시작합니다.

"너. 내가 하지 말라고 분명히 말했지!"

"그만둬! 아휴, 내가 하고 말지."

강압적인 부모의 말버릇은 새로운 것을 배우려는 아이의 도전 의지를 막습니다.

"이걸 하면 부모님께 또 혼나겠지?"

이렇게 자란 아이는 결국 혼자서는 아무것도 시도하지 못하는 사람이 될 확률이 높습니다. 이렇게 생각하면서요.

"내가 그냥 가만히 있는 게 서로를 위해 좋은 거야."

그렇게 부모가 없으면 아무것도 결정할 수 없는 아이가 되어버리는 거지요. 하지 말라는 '멈춤의 말'이 아닌, 방법을 알려 주는 '지속의 말'을 자주 들려주는 부모가 되도록 노력해야 합니다.

3. 불가능한 인생을 만드는 말버릇

모두가 불가능하다고 생각한 것을 공부머리를 통해 가능하게 만들면 그것이 창조로 이어져 세상을 놀라게 할 상품이나 서비스가 됩니다. 그런 공부머리를 가지면 같은 사물을 바라봐도 다른 것을 발견해 낼 안목이 길러집니다. 그런데 어릴 때부터 부모의 단정적인 말버릇에 익숙해진 아이는 부모가 정해놓은 불가능의 틀을 벗어나지 못합니다.

"너는 도대체 언제쯤 제대로 할래?"

"잘하는 게 그렇게 힘드니?"

결과만 바라보면 자꾸 불가능에 수렴하는 질문만 하게 됩니다. '결과'가 아닌 '과정'을 상상하며 말하도록 노력해야 하죠. 이런 식의 표현을 자주 하면 좋습니다.

"너 그거 만들 때 정말 표정이 진지하더라."

"책 읽을 때 네 모습이 참 차분해서 좋더라."

4. 아이의 가능성을 가로막는 말버릇

공부머리가 제 기능을 발휘하려면 '가능성'이라는 표현에 대해서 섬세하게 접근하는 게 좋습니다. 공부란 결국 가능성을 봤기 때문에 하는 거니까요. 이런 식의 말버릇은 주의해야 합니다.

"네가 뭘 안다고 자꾸 참견이야!"

"내가 널 어떻게 키웠는데, 겨우 이 모양이냐!"

이렇게 아이의 입을 막거나 아이가 이룬 현재의 성과를 낮추는 식의 말버릇은 아이의 삶에서 가능성이라는 표현을 아예 사라지게 만듭니다.

아이의 현재를 존중하는 방식으로 바꿔서 표현해야 아이의 가능성이 높아진다는 사실을 기억하세요.

"너는 그렇게 생각하고 있구나."

"지금의 너라면 충분히 가능하지."

5. 아이를 자책하게 만드는 말버릇

아무리 재능과 지능이 뛰어나도 스스로 자신을 믿지 못하면 구제할 수가 없습니다. 그건 마치 경기에 나선 마라톤 선수가 뛰지 않고 바닥에 주저앉아 있는 모습과 같습니다. 이런 식의 말버릇은 아이를 주저앉게 만듭니다.

"넌 밥 먹고 게임만 하냐? 시험이 코앞인데!"

"비싼 돈 들여서 학원에 보냈더니 성적이 이 모양이냐!"

게임을 하거나 성적이 높지 않은 게 혼나야 할 잘못은 아닙니다.

냉정하게 생각하면, 부모의 시선에 맞지 않는 모습일 뿐이죠.

"난 게임만 하는 무능한 사람이야."

"학원에 다녀도 나는 이 모양이네."

아이가 이런 자책을 하지 않게 해 주세요.

바닥에 흘린 국은 닦으면 그만이지만, 부모의 말에 다친 아이 마음은 평생 치유할 수 없습니다. 꼭 기억해 주세요. 거친 바다의 항해사가 부모라면, 방향을 결정하는 키는 부모의 말버릇이 쥐고 있습니다.

아이의 자기주도성을 이끄는
부모의 7가지 언어

아이는 스스로 보고 느낀 것을 누군가에게 알려 주는 과정 자체를 좋아합니다. 그중에서도 가장 사랑하는 과정은 자신이 아는 것을 부모에게 말할 때입니다. 부모가 무언가를 아이에게 알려 주려고 하면, 아이도 자꾸만 "나도 알고 있는 게 있어요."라고 말하며, 자신도 부모에게 무언가를 알려 주려고 하는 이유가 거기에 있죠.

"가만히 있어, 조용히 내 말 들어!"

기대에 가득 차 있는 아이에게 부모의 이런 반응은 최악입니다. 최대한 아이의 말을 막지 말아야 합니다. 그럼 아이는 저절로 이런 근사한 사실을 깨닫게 되죠.

"나이가 어린 사람도 나이 많은 사람에게 무언가를 가르칠 수 있구나. 인간은 배우고 가르치며 사는 거구나."

그렇게 아이는 평생 배움을 멈추지 않는 사람으로 살아가게 됩니다.

아이가 부모에게 다가와 무언가를 알려 주려고 한다는 건, 어디에선가 무언가를 배웠다는 의미입니다. 공부하고 있으며 동시에 현재 내면이 찬란하게 빛나고 있다는 증거이기도 합니다. 자기주도학습을 시작했다는 말입니다. 아이의 자기주도학습이 여기에서 멈추기를 원하지 않는다면, 다음 7가지 사항을 통해 부모가 아이에게 귀를 기울여 배우는 학생이 되어야 합니다.

1. 주눅 들지 않게 해 주세요.

내면에 상처를 입은 아이는 스스로 배울 수 없게 됩니다.

2. 첨언을 하지 않는 게 좋아요.

부모가 억지로 의견을 보탤수록 아이의 생각은 흐려집니다.

3. 잔소리를 멈춰 주세요.

조용히 아이의 이야기를 듣는 게 가장 훌륭한 교육입니다.

4. "숙제나 해라"라는 말은 참아 주세요.

그건 아이가 보낸 시간의 가치를 깎아내리는 언어입니다.

5. 명령의 언어는 멈춰 주세요.

명령은 아이의 생각이 흐르지 않게 막는 커다란 벽입니다.

6. 배움의 기쁨을 알게 해 주세요. 어렵지 않아요.

따스한 눈으로 바라봐 주세요. 그거 하나면 충분합니다.

7. 더 많이 배우고 싶게 해 주세요.

충분히 듣고 적절히 질문해 주시면 됩니다. 부모의 질문은 아이가 가진 가장 위대한 재산입니다.

아이는 바람입니다. 바람처럼 자유롭게 여기저기를 흘러 지나가죠. 여기에 있다가도 어느새 저기로 날아가고 있습니다. 부모는 그 아름다운 바람을 잠시 멈춰 서게 해 주는 지성의 전환점 역할을 하는 존재입니다. 멈춰야만 무언가를 관찰하며 스스로 배울 수 있습니다. 그래서 아이에게는 부모가 또 하나의 생명입니다.

위에 나열한 7가지 사항을 다시 기억해 주세요. 우리는 바람이 돌을 관통하며 돌을 느끼고 이해하는 것처럼, 지금도 날아가고 있는 아이의 영혼에 배움이 머물게 해야 합니다. 어디에도 속하지 않지만 모든 것을 알고 있는 자유로운 바람처럼 말이죠.

2장

아이의 삶을 바꾸는
질문법

비슷하지만 너무 다른
3가지 질문의 효과

지식을 지혜로 바꾸기 위해서는 일단 일상에서 멈춰야 합니다. 그래야 비로소 배운 지식에 대해 생각할 수 있습니다. 그리고 이때의 질문은 일상에서 아이를 멈추게 할 때 가장 효과적으로 활용할 수 있는 지적 수단이 됩니다.

다음 질문을 읽고 차이점을 찾아보세요.

1. 오늘 수업 재미있었어?
2. 오늘 어떤 수업이 재미있었어?
3. 오늘 수업 중에 어떤 부분이 재미있었어?

위에서 언급한 3개의 질문은 정말로 '너무나' 다른 지점을 언급하는 표현입니다. 이 부분을 제대로 알지 못하면 아이에게 제대로 질문할 수 없습니다.

이제, 하나하나 살펴보겠습니다.

1. 오늘 수업 재미있었어?

"오늘 수업 재미있었어?"는 가장 안 좋은 질문 방식입니다. 이유는 간단합니다. 바로 아이의 생각을 전혀 자극하지 못하기 때문입니다.

"아니."

이렇게 간단하게 답할 수 있기 때문이죠. 모든 아이의 현재에는 분명한 이유가 있습니다. 아이가 단답형의 답만 하는 이유는 그런 성격의 소유자이거나 말을 듣지 않는 사춘기라서 그런 것이 아니라, 부모가 그렇게 대답하는 방식의 질문을 던졌기 때문입니다. 아이 입장에서는 굳이 생각해서 길게 답할 가치를 느끼지 못하는 질문이었던 거죠.

2. 오늘 어떤 수업이 재미있었어?

이 질문은 위에 나온 1번 질문보다는 좋습니다. '어떤 기간'을 생각할 수 있게 돕는 표현이라서 그렇습니다. 하지만 이 질문 역시 아이의 생각을 자극하기에는 부족합니다. 방금 언급한 것처럼 이 질문을 통해 아이는 '어떤 기간', 즉 수학 시간이나 영어 시간 등을 생각할 뿐입니다. 당연히 대답도 이런 방식이겠죠.

"영어 시간이 좋았어."

"운동할 때 좋았지."

물론 이 순간에도 충분히 부모의 적절한 질문으로 아이의 생각을 자극할 수 있습니다. 바로 3번 질문으로 연결하는 거죠.

3. 오늘 수업 중에 어떤 부분이 재미있었어?

이 질문은 위의 세 가지 중 가장 최선의 질문입니다. 그 이유는 아이의 입에서 가장 부정적인 단답형 대답인 "없었어."라는 말을 최대한 허락하지 않기 때문입니다.

물론 수업이 꼭 재미있어야 하는 것은 아닙니다. 하지만 생각을 깊이 하다 보면 '아주 짧더라도' 흥미를 느낀 순간이 있기 마련입니다. 이 질문이 최선인 이유는 바로 그 '어느 순간'을 생각하게 해 주기 때문이며, 오래 깊이 생각한 만큼 아이가 할 수 있는 최고의 표현을 기대할 수 있기 때문입니다.

질문은 아이 내면에 잠자고 있는 모든 능력을 깨우는 일종의 마법입니다. 기적이라고도 말할 수 있지요. 이렇게 아주 사소한 질문의 차이로도 전혀 다른 결과를 이끌어 낼 수 있습니다.

하지만 결과가 위대한 만큼 그 방법이 매번 쉽지는 않습니다. 어렵게 생각하지 말고, 질문을 대할 때 늘 섬세한 마음으로 다가가면 됩니다. 이를테면 양치질은 당연히 식후에 해야 하는 일인데, "너 양치질 지금 할래?"라고 질문하면 아이 입장에서는 "싫어, 나중에 할래."라는 거절의 선택지가 생기는 셈입니다. 나중에 다시 언급하겠지만, 당연히 해야 하는 일에는 질문이 필요하지 않습니다. 더구나 '거절'이라는 선택지를 굳이 만들 필요도 없습니다. 이처럼 질문은 매우 섬세한 언어로 구성되어 있어서 쉽게 입 밖으로 내뱉으면 후회하게 될 가능성만 커집니다.

맞아요. 생각은 정말 어려운 것입니다. 그 어려운 것을 스스로 하게 만들고 싶다면 질문이 더욱 섬세해야 하고, 생산적이어야 합니다. 앞으로 나올 글을 통해 공부하는 마음으로 질문을 연구하면, 곧 모두가 근사한 질문을 창조하는 부모님이 되실 수 있습니다.

내 아이에게 맞는 가장 적절한 말을
창조해 내는 3단계 질문법

아이와 함께 일상을 보낸다는 것은 희망 가득한 시작과 후회 가득한 결말의 연속입니다. 좋은 마음으로 시작하지만 대부분 만나고 싶지 않은 가장 최악의 나를 발견하며 끝나는 때가 많죠.

최대한 더 좋은 것을 담아 농밀한 언어로 표현하고 싶지만, 때때로 폭발해서 제대로 마음을 담지 못한 서툰 언어를 전하기도 합니다. 후회 가득한 마음으로 돌아설 때마다 마음이 아프고 걱정이 되는 것도 사실입니다.

"과연 내가 지금 아이를 제대로 기르고 있는 게 맞나?"

"내가 아이에게 좋은 부모가 되어 주고 있는 걸까?"

좋은 것을 주지 못했다는 자책감이 들기 시작하며, 좋은 영향을 주려면 어떤 방식으로 대화를 이끌어야 할지 궁리하게 되죠. 자꾸 실패만 할 수는 없으니까요.

이해하기 쉽게 예를 들어서 생각해 보죠. 정해진 시간에만 게임을 하기로 아이와 철석같이 약속했다고 할 때 그걸 어겨서 '게임 금지'를 실행에 옮기려고 하면 아이는 울기 시작합니다. 이미 약속한 사항이지만 아이 입장에서는 서글픈 마음에 그저 눈물만 나오는 거죠. 이때 만약 아이가 불쌍해서 함께 정한 규칙을 순식간에 파괴한다면 어떤 일이 벌어질까요? 참 애매한 상황입니다. 규칙을 바꾸는 것도 좋은 선택은 아니지만, 아이를 아프게 하는 것도 부모가 바라는 교육의 목적은 아닐 테니까요. 아이와 함께 시간을 보내면 이럴 수도 저럴 수도 없는 상황이 정말 자주 일어납니다.

그때마다 지혜롭게 상황을 해결하는 것이 쉽지 않습니다. 여기에 가장 이상적으로 모든 문제를 해결할 방법이 하나 있습니다. 아이에게 어떤 말을 해 주기 전에, 그 말을 아래 3단계 질문에 넣어 답을 구해 보는 거죠. 그럼 내 아이만을 위한 적절한 표현을 생각할 수 있습니다.

1단계

이 말은 아이에게 어떤 영향을 미칠까?

2단계

그 영향으로부터 아이는 무엇을 배울까?

3단계

그렇게 배운 것은 아이 삶에 어떻게 작용할까?

바로 적용해 보죠. 이를테면 아이가 떼를 쓴다는 이유로 당장의 평화를 위해 "그래 이번 한번만 봐주는 거야. 얼른 가서 게임하세요."라고 말한다면, 그 말은 3단계 질문을 통해 이런 결론이 난다는 것을 어렵지 않게 짐작할 수 있습니다.

"어떤 규칙도 내가 울면서 떼를 쓰면 파괴할 수 있다. 그냥 하고 싶은 대로 하면서 살자. 징징거리면 다 통하니까."

이 예를 통해 우리는 부모의 한마디 말로 변할 아이의 미래 모습까지 예상할 수 있습니다. 결국 아이의 현재는 부모가 과거에 전한 언어의 결과라고 볼 수 있으니까요. 아이의 성장에 가장 좋은 말을 전하고 싶다면 지금 하려던 그 말을 3단계 질문법에 대입해서 미리 결과물을 확인해 보세요. 그럼 가장 적절한 말을 찾아낼 수 있을 겁니다.

상황에 맞는 적절한 말은 아이 삶에 좋은 경험으로 쌓이지만, 대부분의 말은 잊고 싶은 기억으로 남습니다. 조금 더 적절한 말을 찾아주세요. 그것이 바로 아이의 가능성을 찾는 일이니까요.

단답형 대답만 하는 아이에게
긴 답을 이끌어 내는 질문법

　보통의 아이는 사춘기가 지나 자신의 생각이 확고해지면 이전보다 말이 줄고 최소한의 이야기만 하게 됩니다. 여기에서 하나 묻고 싶습니다.

　"다들 그렇게 생각하는 이 말이 과연 무조건 맞는 말일까요?"

　그렇지 않습니다. 물론 그런 경향이 있지만, 부모가 조금 더 질문을 섬세하게 던지면, 아이의 색다른 반응을 기대할 수 있습니다. 이런 공식을 부모의 적절한 질문을 통해 깰 수 있는 거죠.

　"남자 아이들은 말이 통하지 않는다."

　"중학생이 되면 다른 종류의 인간이라고 생각해라."

　"사춘기가 되면 부모와 말을 섞지 않는다."

　그럼 일상의 대화를 통해 알아보죠. 아이와의 대화는 보통 이런 방식으로 진행됩니다.

"학교에서 밥 잘 먹었니?"

"네."

"뭐 먹고 싶은 거 있니?"

"없어요."

대화를 아무리 나눠도 허무할 뿐입니다. 뭐가 잘못된 걸까요? 아이의 답변이 짧다고 불평할 수도 있지만, 반대로 부모의 질문이 아이가 짧게 답할 수밖에 없게 구성되어 있다고 볼 수 있습니다. 이렇게 질문을 바꾸면 어떨까요?

"오늘 학교에서 먹은 반찬 중에 뭐가 가장 좋았니?"

"엄마가 해 준 거랑 그거랑 뭐가 더 맛있었니?"

"그럼, 오늘 저녁에 그걸 반찬으로 해 줄까?"

좋은 질문은 상대방의 적절한 답을 이끌어 내며 동시에 연속적인 질문과 답변을 통해 조화로운 대화를 나눌 수 있게 돕습니다. 방법은 어렵지 않습니다. 다음 2단계 방식으로 단답형 방식의 답변이 아닌, 자신의 생각을 담은 답이 나올 수 있게 이끌어 내면 됩니다.

1. 가장 중요한 것은 반드시 하나는 선택해야 한다는 점입니다.

선택지를 두 개 이상 제시하여 아이가 하나를 선택하며 생각을 시작할 수 있게 합니다. "과일 좋아하니?"라는 질문이 아닌, "과자랑 과일 중에 뭐가 좋니?" 혹은 "사과랑 딸기 중에 뭐가 좋아?" 이렇게 두 가지 이상에서 하나를 선택하게 하는 방식입니다.

2. 그 선택에 대한 아이만의 이유를 들을 수 있는 질문을 던집니다.

앞서 "오늘 학교에서 먹은 반찬 중에 뭐가 가장 좋았니?"라는 질문이 이에 해당합니다. 그 이유는 그 답을 선택한 아이만의 이유를 들을 수 있기 때문입니다. 이처럼 아이에게 원하는 답을 이끌어 내기 위한 질문을 할 수 있어야 합니다.

"요즘 애들이 다 그렇지 뭐."라는 말로 단답형 방식의 답만 하는 아이의 현재를 그냥 스쳐 보내는 것은 교육의 관점에서 볼 때 아쉬운 행동입니다. 모든 아이가 다 그런 것도 아니며, 모든 현상에는 분명한 이유가 있으니까요. 앞서 설명한 것처럼 아이가 길게 자신의 생각을 답할 수밖에 없는 질문을 일상에서 자주 던져 주세요.

처음에는 귀찮게 생각할 수도 있고, 제대로 되지 않을 수도 있습니다. 하지만 그런 시도를 하는 것 자체가 의미 있다고 생각하며 반복해서 시도하다 보면, '내 아이를 다루는 방법'을 터득할 수 있게 됩니다. 그것이 무엇보다 중요한 부분입니다. 제가 나열한 방법은 대화의 시동을 걸 수 있게 돕는 것이고, 계속 시도하며 '우리 아이와 행복하게 대화하는 법'을 깨닫게 되는 것이 핵심입니다.

말 안 듣는 아이를 말 잘 듣는 아이로 바꾸는 부모의 한마디

'말 안 듣는 아이를 말 잘 듣는 아이로 바꾸는' 일은 부모님에게 가장 많은 고민을 하게 만드는 부분이기도 하죠. 그러나 이 문제는 생각보다 더 중요하고 심각합니다.

말 안 듣는 아이의 문제는 단순히 말을 안 듣는 선에서 그치는 게 아니라, 그걸로 시작해서 소리를 지르거나 예의 없이 행동하고 심할 경우 점점 폭력적으로 바뀐다는 것에 있습니다. 아이의 삶에 나타날 수 있는 거의 모든 문제가 바로, 말 안 듣는 것에서 시작하는 셈이죠. 그래서 이 주제는 아이 삶을 바꾸는 데 더욱 기본이 될 중요한 문제라고 볼 수 있습니다. 결국 거대한 삶의 변화는 사소하다고 생각하는 문제가 모여 이뤄진 결과이기 때문이니까요.

최대한 어릴 때부터 제대로 교육해야 나중에 문제가 생기지 않습니다. 이 질문을 자신에게 던지면서 생각에 시동을 걸어 보죠.

"아이들은 왜 부모의 말을 잘 듣지 않는 걸까요?"

문제는 주로 부모의 말에 있습니다. 일상으로 돌아가 한번 살펴보세요. 이 말에 어떤 문제가 있을까요?

"다 놀았으면 이제 장난감 정리하고, 세수한 다음에 책 읽을 준비하자."

문제가 뭘까요? 다소 강요하는 말투? 그것도 아니면 해야 할 일을 하나하나 정해 주는 것?

"이게 무슨 문제가 되나?"라고 생각할 수도 있습니다. 그 정도로 일상에서 자주 만날 수 있는 표현이죠. 하지만 아이의 행동을 보면 이 질문에 어떤 문제가 있었는지 답이 나옵니다.

부모의 말을 아예 무시하는 아이는 별로 없습니다. 저렇게 이야기를 하면 일단 대부분의 아이들이 실제로 장난감 정리를 시작합니다. 문제는 그러다가 갑자기 정리를 멈추고 다른 일을 시작한다는 점에 있습니다. 그러면 또 부모는 화가 나서 아이에게 명령하죠.

"또 이러네. 정리하라고 했지!"

"대체 넌 왜 한번에 말을 들어먹지 않니!"

아이 입장에서는 부모가 너무 많은 일을 한번에 시켜서 기억도 나지 않고 실제로 모두 해낼 능력도 없을 수 있습니다. 하고 싶어도 할 수가 없는 상황인 거죠. 아이가 말을 듣지 않는 게 아니라, 부모가 너무 많은 일을 동시에 시켰기 때문에 일어난 거라고 볼 수 있습니다.

아이에게 무언가를 시킬 땐 반드시 이 원칙을 지켜야 합니다.

1. 한번에 하나씩 차근차근 시켜야 합니다.
2. 당장 할 수 있는 일을 시켜야 합니다.

1, 2번을 반복하며 아이는 점차 한번에 두 개 이상의 일을 할 수 있게 되며, 수준 높은 것도 할 수 있게 됩니다. 이렇게 하나하나 순서에 맞게 나눠서 이야기를 하면, 어떤 아이도 부모의 말을 듣지 않을 수 없을 겁니다.

"잘 놀았으면 이제 장난감 예쁘게 정리하자."

"장난감 다 정리했으면 깨끗하게 씻어야지."

"다 씻었으면 우리 같이 앉아서 책 읽을까."

물론 모든 아이에게 다 맞는 방법은 없습니다. 늘 되는 방법을 찾으려고 노력하면 됩니다. 안 되는 방법은 굳이 찾지 않아도 이미 주변에 가득하니까요. 아이의 아름답고 고귀한 변화는 부모의 생각 속에서 피어나는 향기로운 꽃입니다.

왜 아이들은 같은 내용을
묻고 또 묻는 걸까?

아이들이 있는 집에서는 이 소리가 하루에도 몇 번이나 들립니다.

"도대체 몇 번을 설명해야 이해하니!"

"왜 같은 걸 계속 물어보는 거야!"

"언제까지 이렇게 살아야 하는 거냐!"

뭐든 나름의 이유가 있을 겁니다. 아이가 같은 것을 반복해서 묻는 이유 역시 마찬가지겠죠. 먼저 하나 묻습니다. 하나를 제대로 안다는 것은 무엇을 의미할까요? 그것은 자신이 아는 것에 대해서 그걸 전혀 모르는 사람에게 설명까지 할 수 있다는 것을 말합니다. 그게 바로 모든 공부의 핵심이기도 합니다. 제대로 안다는 것은 누군가에게 완벽히 설명까지 가능하다는 말이죠.

아이들에게 무언가 하나를 가르치고 이해시키기 힘든 이유는, 아이들이 배움의 본질에 대해서 누구보다 잘 알고 있어서 그렇습니다. 하나를 제대로 알기 위해 매우 철저하게 묻고 또 묻는 것이죠. 그런 아이의 마음과 배움의 과정을 이해하지 못하면 이 모든 것에 괜히 화가 나면서 아이를 질책하게 됩니다.

게다가 같은 것을 자꾸 묻는 것처럼 보이지만 아이들의 질문은 조금씩 바뀌며 앞을 향해 전진합니다. 섬세한 눈으로 바라보면 성장하는 아이의 생각과 단단해지는 삶의 철학이 눈에 보입니다. 이를테면 이런 방식으로 바뀌는 거죠. 처음에는 이렇게 묻습니다.

"하늘은 무슨 색이에요?"

부모님이 '연한 파란색'이라고 말하면 다시 이렇게 묻죠.

"비가 내릴 때는 다른 색이던데요. 왜 다른 건가요?"

다시 그 이유에 대해서 설명하면 아이들은 또 묻습니다.

"해가 질 때는 완전히 어두워지잖아요. 왜 자꾸만 색이 바뀌는 거예요?"

부모 입장에서는 너무나 당연한 이야기를 하니 답답해서 결국 다시 "도대체 몇 번을 설명해야 이해하니!"라는 카드를 꺼낼 수밖에 없습니다. 그럴 때 부모들은 자신을 놀린다고 생각하거나 말꼬리를 잡는다고 오해를 하기도 합니다. 하지만 같은 상황에서 아이는 전혀 다른 생각을 하고 있습니다. 바로 이렇게 말이죠.

"내 질문은 완전히 다른데, 부모님은 왜 같다고 생각하는 걸까?"

아이 입장에서는 참 억울합니다. 전혀 다른 질문을 하고 있는데 부모님은 그걸 이해하지 못하니까요. 앞서 언급한 것처럼 아이들이 자꾸 비슷하게 보이는 질문을 반복해서 던지는 이유는, 조금씩 다르게 보이는 모든 부분에 대한 이해도를 높여서 나중에 누군가에게 완벽하게 설명하고 싶기 때문입니다. 다 알아야 최대한 적절하게 설명할 수 있기 때문이죠.

아이의 배우려는 행동을 자꾸만 막고 질문하지 못하게 하면 어떻게 될까요? 아이는 그걸 이런 신호로 받아들이게 됩니다.

"대충 적당히 알면 된다. 굳이 아는 것을 남에게 설명할 필요는 없지. 그건 매우 귀찮은 일이야. 적당한 선에서 멈추자."

어떤가요? 생각만으로도 앞이 깜깜해지죠. 하지만 동시에 평소 궁금했던 이런 궁금증이 풀리기도 할 겁니다.

"왜 아이들이 갑자기 무언가를 묻지 않게 되었지?"

"왜 아이들의 호기심이 줄어들었을까?"

"왜 무언가를 집중해서 관찰하지 않을까?"

그렇게 질문이 많던 아이들이 나이가 들고 학년이 높아질수록 점점 질문하지 않고 그저 암기만 하는 나날을 보내는 이유가 바로 지금까지 살펴본 것과 같습니다. 가정에서 그리고 일상에서 아이의 질문을 철저히 막았기 때문이죠.

세상에 나쁜 질문은 없습니다. 또한, 서툰 질문도, 같은 질문도 없습니다. 아이의 모든 질문을 선물이라고 생각하고 기쁘게 받아주세요. 아이를 키우는 건 결국 부모의 좋은 질문이니까요.

아이의 모든 문제를 지혜롭게 푸는 '감정의 대화법'

주변을 보면 자신의 감정을 제어하지 못하고 마음껏 분노와 원망을 쏟아내는 아이가 많습니다. 여기에서 중요한 질문은 이것입니다.

"그 아이들은 처음부터 그랬을까요?"

아마도 그렇지 않을 겁니다. 아이의 감정 조절 능력이 제대로 작동하지 않는다면, 그건 평소 아이의 감정을 '생각이라는 논리'로만 받은 건 아닌지 생각해 보아야 합니다. 예를 들면, 아이가 침울한 표정으로 학원에서 돌아왔다고 생각해 보세요. 그런 아이를 보며 부모는 이렇게 묻습니다.

"왜 이렇게 침울하니? 학원에서 무슨 일 있었어?"

"에이, 아무것도 아니에요."

이렇게 답하면 부모의 질문은 끝없이 이어집니다.

"아니, 왜 그래? 누구한테 맞은 거야?"

"아니면 큰 문제라도 생겼니?"

"뭐야, 이유를 말해야 알 것 아니야!"

그러자 아이가 할 수 없다는 듯 이렇게 답합니다.

"휴, 다음 주에 학원에서 레벨 테스트가 있어요."

한숨 섞인 아이의 음성을 지우고 부모는 다시 이런 이야기를 들려줍니다.

"아니, 그게 무슨 걱정이야. 세상에 걱정할 것도 많네. 지금부터 공부하면 되잖아. 너는 왜 늘 걱정부터 하는 거니!"

그럼 아이는 부모의 말에 입을 닫거나, 더 큰 한숨을 내쉬며 공감하지 못할 가능성이 큽니다. 때론 그런 아이의 모습이 반항적으로 느껴져서 화가 난 나머지 큰소리를 내기도 합니다.

이 대화의 문제점은 무엇일까요? 아이는 '자신의 감정'을 말하고 있었는데, 부모는 '자신의 생각'을 말했다는 것입니다. 만약에 아이에게 이렇게 말했다면 상황은 전혀 다르게 바뀌었을 겁니다.

"많이 긴장되겠구나. 네 마음 나도 이해할 수 있어. 나도 예전에 너처럼 긴장하고 그랬으니까."

그럼 공감대가 형성되며 아이도 신이 나서 대화를 이어갈 겁니다.

"정말? 나만 그런 게 아니었구나. 엄마는 어떻게 긴장을 풀었어? 궁금해. 이야기해 줘!"

"그냥 잘할 수 있다고 자꾸 주문을 걸었지. 자신감이 가장 중요하더라고."

"아, 나도 생각을 바꿔서 힘을 내야겠어. 엄마, 나한테 잘하라고 주문 좀 걸어 줘!"

대화의 차이점이 느껴지시나요? 감정과 생각은 서로 결이 달라서 반드시 분리해야 합니다. 아이의 감정을 생각으로 받으면 말이 통하지 않게 되면서, 앞에서 소개한 것처럼 부모의 눈에는 조언하고 가르칠 부분만 보이게 됩니다. 하지만 후자를 통해 우리는 다른 결과를 만날 수 있게 되죠. 아이의 감정과 같은 감정으로 대화를 나누면 결국에는 아이에게 "힘을 내서 해보자!"라는 생각을 선물할 수 있게 됩니다.

아이가 감정으로 접근한 문제를 부모가 자꾸 생각으로 대응하는 이유는 답을 빠르게 주고 싶어서입니다. 물론 이 모든 것이 아이를 사랑하는 마음에서 나오는 것이죠. 하지만 속도를 조절하여 느리게 다가가려고 생각하면 결국 마지막에 주려고 생각한 것을 아이 스스로 깨닫게 할 수 있습니다. 가장 아름다운 풍경을 만나게 되는 것이지요.

"너, 그게 울 일이니!"

"누가 너한테 그렇게 하라고 했어!"

"네가 뭘 잘했다고 난리야!"

우는 아이에게 다가가 이렇게 말하면 아이는 더 크게 울거나 감정 조절을 못하는 사람으로 성장할 가능성이 큽니다. 앞서 배운 것처럼 '감정의 언어'를 통해 조금씩 섬세하게 다가가야 합니다. 이렇게 말이죠. 우는 이유를 묻지 말고 아이라는 풍경 자체와 하나가 되는 게 핵심입니다.

"마음 아픈 일이 있었구나. 엄마 품으로 올래? 이렇게 조금만 안고 있자."

이처럼 이유를 묻지 말고, 힘든 일이 있었다는 사실에 공감하며, 동시에 품을 내어주며 따스한 온기를 전하면 됩니다. 이후의 상황은 굳이 경험하지 않아도 짐작할 수 있겠죠.

감정의 문제를 생각으로 해결하려고 하면 늘 아이와의 관계에서 반목과 갈등이 생깁니다. 당장 문제를 해결하려는 마음을 버리고 조금 천천히 마음을 읽겠다는 생각으로 다가가면 '감정의 언어'가 보입니다. 그리고 그걸 사용하면 모든 문제가 아름답게 해결됩니다. 감정은 머리로 가르치는 게 아니라, 마음으로 공감하는 거라는 사실을 기억해 주세요,

아이의 언어 감각을 길러 주는 부모의 '질문 말버릇'

부모가 자신의 감정을 잘 제어하는 것이 아이에게 중요한 이유는, 폭력적인 말을 자주 듣고 자란 아이는 폭력적인 사람이 되고, 못된 언어를 자주 접하고 자란 아이는 못된 성격의 소유자가 될 가능성이 더 크기 때문입니다.

우리 일상에는 부정적인 부분을 강조한 '부정어'가 매우 많습니다. 그래서 별생각 없이 언어를 내뱉으면 부정적인 의미를 지닐 가능성이 큽니다. 좋은 의미와 마음을 담으려면 어느 정도의 시간과 의지 그리고 노력이 필요한 것이죠.

우리가 긍정어를 사용하기 위해 노력해야 하는 이유는, 언어는 거짓을 말하지 않기 때문입니다. 결국 부모의 입에서 나오는 언어의 종류를 결정하는 것은 부모 자신의 감정입니다. 더 좋은 말과 예쁜 표현이 있지만 부모의 당시 감정이 분노를 선택한 상태라면 거기에 맞는 언어만 아이 귀에 들어갈 확률이 높죠. 일단 말버릇으로 고정시키면 감정의 변화에 큰 영향을 받지 않을 수 있습니다. 말버릇은 일종의 '언어의 루틴'이니까요.

먼저 질문에도 말버릇이 있다는 사실을 인지해야 합니다. 그래야 가치를 깨닫고 변화를 시작할 수 있습니다. 좋은 '질문 말버릇'을 만들고 싶다면 이 원칙을 기억해 주셔야 합니다.

"좋은 '질문 말버릇'이란 주로 대상에서 긍정적인 부분을 발견하려고 노력할 때 만들어지는 고급 언어입니다."

이제 다음 7가지 '질문 말버릇'을 낭독하면서 음미해 주세요.

1. 가능성 열기

"다른 가능성도 있지 않을까?"

2. 생각 확장하기

"이렇게 생각할 수도 있지 않을까?"

3. 양면을 바라보기

"반대로 표현하면 듣기에 아름답지 않을까?"

4. 다양성 인정하기

"반대편의 주장도 한번 들어볼까?"

5. 받아들이기

"그 생각을 현실로 만들려면 어떻게 해야 할까?"

6. 분석하기

"거기에는 어떤 이유가 있을까?"

7. 실천할 것 만들기

"왜 사람들이 저걸 좋아하는 걸까?"

위에 나열한 7개의 질문을 일상에서 늘 기본적으로 던지는 연습을 해야 합니다. 질문을 활용하면 굳이 다른 노력을 하지 않아도 24시간 내내 아이와 무언가를 함께 배울 수 있습니다. 그 사실을 아이에게 알려 주어야 하나의 지식을 원하는 분야로 다양하게 변주하며 활용하는 삶의 가치를 깨닫게 할 수 있습니다. 그런 삶이 귀한 이유는 뛰어난 언어 감각을 통해 스스로 보고 느낀 것을 더 깊이 이해하게 되기 때문이죠.

스스로 완전히 이해하고 설명할 수 없는 지식은 아무리 배워도 배웠다고 볼 수 없습니다. 그건 속에 든 물건보다 비싼 포장지를 두르는 것과 같은 삶이죠. '질문 말버릇'을 통해서 아이가 스스로 언어의 주인이 되는 삶을 살 수 있게 해 주세요.

2부

아이의 모든 인생을 결정하는
실전 대화법

1장

아이의 정서와
인지 발달을 돕는 대화

아이의 감정 조절 능력이
걱정된다면

안아달라는 아이를 안아 주지 않으면 아이는 바닥에서 발을 동동 구르며 투정을 부리기 시작합니다. 부모의 마음은 답답하고 짜증이 나죠. 그 상태에서 벗어나고 싶은데 마땅한 방법이 생각나지 않는다면, 이 질문으로 생각을 시작해야 합니다.

"왜 투정을 부리는 걸까요?"

아이에게 심각한 문제가 있는 게 아닙니다. 단지 의사소통이 제대로 되지 않아서 그렇습니다. 부모에게 안기고 싶은 간절한 마음을 정확한 언어로 표현하지 못하니, 마음이 답답해서 투정만 부리게 되는 것이지요. 그 소중한 마음을 알고 먼저 눈으로 안아 주세요.

자신을 힘들게 하는 것들을 글과 말로 전하는 힘, 저는 그걸 '마음 표현력'이라고 부릅니다. '마음 표현력'이 부족한 아이들은 어떻게 될까요? 나이가 들어도 자기 감정을 제어하지 못하고 분노와 원망 그리고 비난만 가득한 날을 보냅니다. 아이의 정서에 문제가 있는 게 아니라, 표현을 하지 못하니 답답해서 그런 겁니다. 그 지점을 제대로 이해하셔야 합니다.

어른도 마찬가지입니다. 공공장소나 길에서 혹은 일상의 다양한 공간에서, 지금도 여전히 분노를 참지 못해서 수많은 부정적인 감정을 쏟아내고 있는 사람들을 본 경험이 있을 겁니다. 너무 억울하고 답답한 상황인데 그걸 말로 정확히 표현하지 못하여 성질이 나는 겁니다. 이 경우 어른들도 바닥에 주저앉거나 아이처럼 발을 동동 구르기도 합니다.

지금 짜증 내는 아이에게 "너 짜증 내지 말라고 했지!"라는 식으로 단순히 화만 내며 분노하고 있다면, 아이는 나이가 들어서도 계속 그럴 겁니다. 세상에 이유 없는 짜증은 없습니다. 자세히 설명할 수 없어서 그런 거죠. 이때 '마음 표현력'을 길러 주면 저절로 나아질 겁니다. 차분하게 아이에게 다가가 이렇게 3단계 방식으로 질문을 해 보세요.

1. 상황을 제대로 파악하기

"많이 힘든가 보구나?"

"얼마나 힘들었니?"

분노한 아이는 자신의 마음을 제대로 표현하지 못해서 매우 힘든 상태입니다. 그러니 난폭한 언어로 윽박지르지 않고 최대한 부드러운 언어로, 표현하지 못해서 힘든 마음을 안아 줍니다.

2. 상태를 표현하게 돕기

"졸린데 잠이 오지 않아서 그렇구나?"
"장난감을 사고 싶은데 안 사 줘서 그러니?"

마치 온몸의 힘을 잃고 바닥에 주저앉아 있는 사람을 일으켜 세우듯, 아이가 바닥에 떨어진 자신의 마음을 표현할 수 있도록 해 주어야 합니다. 아이 스스로 자신의 상태를 파악할 수 있게 돕는 질문을 해야 하는 것이죠.

3. 마음 표현하기 연습

"잠들지 못하는 마음이 얼마나 힘들었을까?"
"갖고 싶은데 갖지 못하니 마음 아팠지?"

마지막에는 꼭 아이가 스스로 마음을 표현해야 합니다. 그래야 모든 분노가 멈추게 되니까요. 힘들어하는 아이 모습이 아무리 안타까워도 우선은 그대로 기다려 주는 게 좋습니다. 그 기간을 스스로 견뎌서 지나야 합니다.

'마음 표현력'은 아이 인생에서 매우 중요한 역할을 합니다. 나중에는 글과 말을 자신의 방식으로 읽어 내는 '문해력'에도 영향을 미칩니다. 그래서 최대한 어릴 때부터 연습하는 게 좋다고 하는 것입니다. 생각보다 긴 시간이 필요할 수도 있으니까요. 아이의 미래를 위해서 꼭 거쳐야 할 시간이니, 마음을 제대로 표현할 때까지 기다려 주세요.

아이의 인지 발달 능력을 키우는
부모의 질문

인지 발달이란 아이가 세상에 퍼져 있는 다양한 정보를 지각하고, 스스로 평가하며, 온전히 이해할 수 있게 하는 지적인 능력을 습득하는 과정을 의미합니다. '지각'과 '평가', 그리고 '이해'의 3단계 과정을 거쳐야 하죠. 일상에서 이런 식의 질문을 하면 자연스럽게 3단계 과정을 연습할 수 있습니다.

1단계

기준을 부모가 정하지 않고,

2단계

좋거나 나쁘다는 단서를 달지 않고,

원칙과 선택지를 스스로 결정할 수 있게.

아래 제시하는 19가지 질문을 적절히 일상에서 응용해서 사용해 주세요. 그럼 지적인 능력을 습득하는 3단계 과정을 자연스럽게 연습할 수 있으니까요.

1. 여기에는 어떤 특별한 게 있을까?

2. 먹지 않아도 살 수 있다면 세상은 어떻게 변할까?

3. 요즘 가장 자주 사용하는 단어가 뭐니?

4. 너의 느낌을 한 줄로 표현할 수 있겠니?

5. 자동차가 빠르게 달릴 수 있는 이유는 뭘까?

6. 너의 재능은 어디에 있다고 생각해?

7. 좋아하는 것과 사랑하는 건 뭐가 다를까?

8. 무엇을 할 때 가장 집중이 잘 되니?

9. 거울이 없는 세계는 어떨까?

10. 아침에 일어나는 건 왜 힘든 걸까?

11. 사람에게 가장 중요한 게 뭐라고 생각해?

12. 넌 어떤 고정관념을 갖고 있니?

13. 우리가 배우는 이유는 뭐라고 생각해?

14. 사람은 왜 늙는 걸까?

15. 경쟁에 대해서 어떻게 생각하니?

16. 게임 캐릭터가 네 앞에 나타나면 어떨 것 같아?

17. 이 안에는 뭐가 있을까?

18. 착한 사람들의 생각과 행동은 언제나 옳을까?

19. 식품의 유통기한이 있는 이유는 뭘까?

이 질문을 일상에서 응용할 때 늘 '지각'과 '평가', 그리고 '이해'의 과정을 거쳐야 한다는 사실을 기억해 주세요. 그 과정을 인지하며 질문을 할 때와 그냥 생각 없이 할 때 얻게 되는 효과는 전혀 다르니까요.

자기 생각을 긍정적으로 표현하는
아이로 키우는 '긍정 유도의 말'

"싫어!"

"안 해!"

"못 해!"

이런 표현만 하는 아이를 보면 아무리 마음이 넓은 부모도 마음이 답답해지고 자꾸만 분노가 치밀어 오릅니다. 혹시 아이가 정신적으로 문제가 있는 건 아닌지 진지하게 걱정이 되기도 합니다. 그런데 이런 사실을 아시나요? 부정적인 표현만 쓰는 아이들이 왜 그런 표현을 쓰게 되었을까요? 이유는 간단합니다. 부모에게 이런 말을 자주 들었기 때문입니다.

"안 돼!"

"멈춰!"

"하지 마!"

이제 조금은 아이들을 이해할 수 있을 겁니다.

아이들이 주로 사용하는 "싫어!", "안 해!", "못 해!"라는 표현은 결국 부모의 "안 돼!", "멈춰!", "하지 마!"에서 배운 표현이라고 볼 수 있습니다. 아이는 보여 준 것만 배울 수 있으니까요.

많은 아이들이 긍정적 언어보다 부정적 언어를 먼저, 그리고 더 쉽게 배우게 되는데, 이것은 지금은 부정적인 언어를 사용한다고 해도 훗날 긍정적 언어를 사용하기 위해 누구나 거치는 과정일 수 있으니 너무 큰 걱정은 하지 않아도 됩니다.

그러나 어떤 아이는 매우 느리게 이 과정을 지나고 또 어떤 아이는 죽을 때까지 부정적 언어를 사용하는 과정에서 벗어나지 못할 수도 있습니다. 따라서 부정적인 언어를 사용하는 기간을 되도록 짧은 시간에 벗어나는 게 관건입니다.

모든 사물과 사람의 나쁜 부분은 누구나 쉽게 발견할 수 있지만, 좋은 부분을 발견하려면 생각을 해야 하기 때문에 어렵습니다. 결국 생각할 수 있는 하루를 살아야 비로소 아이는 긍정적인 언어를 쓸 수 있게 됩니다. 이런 식의 언어로 아이의 생각을 자극해 주세요. 짧게는 1달, 길게는 3달 정도 이런 언어를 들려주면, 부정적인 의견이 차츰차츰 줄어드는 경험을 하게 될 겁니다.

1. 주변 인식하기

"저기에는 뭐가 있을까?"

2. 가능성 부여하기

"여기에서는 또 뭘 발견할 수 있을까?"

3. 좋은 것 고르기

"돈가스랑 김밥 중에 뭐가 더 좋아?"

4. 이유를 찾아내기

"이유가 뭐야? 듣고 싶네. 네 생각이 궁금하다."

멈춰서 생각하고 무언가를 발견하려면, 그런 가치가 있는 질문이 반드시 필요합니다. 위에 나열한 4단계 질문을 일상에서 적절히 변주해서 활용해 주세요. 그럼 아이의 삶에서 점점 부정적인 언어는 줄어들고, 기적처럼 긍정적인 언어로 하루를 사는 날이 시작될 겁니다.

또 이런 방식으로 대화를 한다고 생각해 보세요.

"엄마가 너에게 부탁을 하나 하고 싶은데, 너에게 '좋아요'라는 답을 들을 수 있을까?"

긍정의 표현과 부정의 표현은 거의 유사합니다. 조금만 신경을 쓰면 누구나 부정을 긍정으로 쉽게 바꿀 수 있습니다. 부모가 긍정의 언어로 물어야 아이도 긍정의 언어로 답을 합니다. 긍정이 긍정을 부른다는 사실을 기억해 주세요.

이제 실전으로 들어가서 일상의 대화에서 부정의 표현을 제외하는 방식을 소개합니다.

사람들 많은 곳에서는 떠들면 안 돼!
→ 우리 공공장소에서는 조용히 대화하자.

너 우유 마실래? 안 마실래?
→ 우유 얼마나 주면 되겠니?

곧 떠날 예정이니 이제 놀면 안 돼!
→ 곧 떠날 예정이니 자동차에 타는 게 좋겠네.

밥 먹어야 하니 과자는 먹으면 안 돼.
→ 밥 다 먹고 엄마가 과자 꺼내 줄게.

이런 긍정 유도의 말로 아이의 표현을 긍정적으로 바꿀 수 있습니다. 대화를 나눌 때 자주 사용해 주시고, 입에 익을 때까지 낭독과 필사를 하셔서 굳이 생각하지 않아도 입에서 나오게 해 주세요.

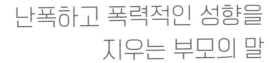

난폭하고 폭력적인 성향을
지우는 부모의 말

부모의 말에 아이가 반항하거나 떼를 쓰면서 홧김에 멀쩡한 컵을 바닥에 던져 깨트린 상황을 생각해 보세요. 이때 아이의 표정은 어떨까요? 놀랍게도 자신도 그게 잘못된 행동인지 정확하게 알고 있는 표정인 아이가 많습니다.

알면서도 그런 행동을 하는 이유가 뭘까요? 아이 스스로도 "이 건 옳지 않아."라고 생각하는 나쁜 행동을 할 때 부모가 분명한 표현으로 "그건 나쁜 행동이야."라고 말해 주지 않고, 무조건 봐주고 넘어간 경험이 있기 때문입니다. 제지를 하지 않으니 해도 된다고 생각하는 겁니다.

"그건 정말 나쁜 행동이야."

"방금 했던 너의 행동과 말은 옳지 않아."

"너 자신을 위해 다시는 그런 행동은 하지 말자."

아이가 스스로 생각해도 옳지 못한 행동을 할 때는 부모가 이렇게 선명한 표현으로 지적을 해야 합니다. 그래야 비로소 아이가 안정감을 가지고 되풀이하지 않게 됩니다. 강하게 제지를 하면 아이 마음이 상하는 게 아니라, 오히려 안정감을 느끼게 되는 원리를 이해하는 게 중요합니다.

안정감은 아이를 무조건 받아들이는 것이 아니라 틀렸을 때 확실하게 경고를 해야 가질 수 있는 감정입니다. 그 순간을 어떻게 구분할 수 있을까요? 자세하게 관찰하면 아이의 상태를 잘 알 수 있습니다. 아이들은 자신의 감정을 숨기지 않으니까요.

앞서 언급한 것처럼 잘못한 일을 저지를 땐 아이도 자신이 잘못된 짓을 한다는 사실을 알고 있습니다. 표정과 어색한 몸짓에서 모두 드러나죠.

"이런 행동을 해도 될까?"

"이건 나쁜 말인 것 같은데 해볼까?"

세상에 처음부터 난폭한 아이는 없다는 사실을 기억할 필요가 있습니다. 강하게 제지하고 안정감을 주면, 다시는 그런 말과 행동을 하지 않을 겁니다.

제지할 때는 가장 선명한 언어를 통해서 확실하게 알려 주고 교육을 시키는 것이 결국엔 내 아이의 안정감을 높이는 일이라는 것을 기억하세요.

물건에 집착하는 아이를 바꾸는
부모의 말

누가 봐도 값비싼 물건에 집착하는 건, 욕망과 질투심을 가진 인간에게 사실 그리 이상한 행동은 아닙니다. 그런데 유독 굳이 그럴 필요가 없어 보이는 사소한 것까지 집착하며 빼앗기지 않으려고 부모와 매일 다투는 아이들이 있습니다.

오래된 물건이나 더러운 옷, 그리고 이불에 집착하며 거기에서 벗어나지 못하는 아이들이 있죠. 이들은 대게 "사랑을 제대로 받지 못했다."라는 안타까운 문제가 집중되어 있습니다. 아이는 사랑이 있어야만 중심을 잡고 성장할 수 있습니다. 특히 부모의 사랑을 제대로 느끼지 못한 아이는 물건에 의지하며 집착하게 될 가능성이 큽니다.

여기에서 우리는 '느끼다'라는 표현에 집중해야 합니다. 부모는 이렇게 항변할 것입니다.

"내가 얼마나 아이들을 사랑하는데!"

"내 모든 일상에 언제나 아이들이 함께 있어요!"

안타깝게도 부모가 아이에게 사랑을 전한다고 그 사랑을 아이가 모두 느끼는 것은 아닙니다. 중요한 건, 느낄 수 있게 해야 한다는 사실입니다. 단순히 '사랑'을 발음한다고 사랑이 전해지는 것은 아니라는 사실을 기억할 필요가 있습니다.

"당연히 부모의 사랑을 알고 있겠지."

"굳이 말하지 않아도 느끼고 있을 거야."

"내 아이가 어떻게 내 사랑을 모를 수가 있어!"

우선 이런 식의 생각에서 벗어나는 게 좋습니다. 아이 마음을 제대로 들여다본 건 아니잖아요. 사랑은 주는 데서 끝나는 게 아니라 아이가 느낄 수 있어야 완성되는 것입니다. 아이가 느끼지 못했다면 그 사랑은 바람처럼 그저 허공만 스칠 뿐입니다.

당신의 하루를 돌아볼까요? 일상에서 아이에게 이런 말을 자주 하게 됩니다. 심심한 표정으로 있는 아이에게 "아빠가 놀아줄까?"라고 말하거나, 그렇게 오랫동안 아이와 시간을 보낸 후에 "이제는 엄마도 하고 싶은 것 좀 할게."라는 말은 아이 입장에서는 이렇게 들립니다.

"너랑 노는 건 하기 싫은 일이야."

"너랑 놀면서 나 정말 힘들었다."

"이제는 나 좋은 것 좀 해보자."

"이제 아빠가 너 맡을 거야."

아이 입장에서는 얼마나 세상이 무너지는 일일까요? 그런데도 아이가 부모의 사랑을 느끼고 있을까요? 부모가 섬세한 마음을 갖고 있어야 아이가 사랑을 느낄 수 있게 말할 수 있습니다. 말을 할 때는 들을 아이를 먼저 생각해 주세요.

아빠가 놀아줄까?

→ 아빠랑 같이 놀래?

이제는 엄마도 하고 싶은 것 좀 해보자.

→ 엄마가 오늘 꼭 해야 할 일이 있거든.

부모의 언어가 아이에게 명령이 아닌 따스한 속삭임이 될 때, 강압이 아닌 허락을 구하는 마음일 때, 아이는 그런 부모의 모든 언어에서 비로소 누구도 줄 수 없는 사랑을 느낄 수 있습니다.

사랑받고 있다는 사실을 느끼고 있는 아이는 결코 길을 잃거나 방황하지 않습니다. 사랑한다고 말만 하지 말고, 숨 쉬듯 사랑을 느낄 수 있게 해 주세요.

통제 불능의 아이를
변화시키는 언어의 힘

맞벌이로 아이를 제대로 볼 수 없는 경우, 혹은 여건이 되지 않아서 아이와 많은 시간을 함께할 수 없는 경우, 통제 불능의 아이들을 제대로 기르지 못하는 모습을 보면서 마음이 아픕니다. 말을 듣지 않고, 자기 마음대로 행동하고, 나오는 대로 말해서 주변 사람들 마음을 아프게 합니다. 하지만 부모에게 충분한 시간이 주어지지 않아 교육이 쉽지 않죠.

생각해 보세요. 온종일 게임을 해도 말리는 사람이 없고, 일찍 잠을 자라고 말해 주는 사람도 없으니 아이들은 점점 난장판인 집에서 버릇도 기품도 없는 사람으로 성장합니다.

방법이 없는 것은 아닙니다. 또한, 어떤 부모도 아이와 많은 시간을 함께할 수 없는 자신의 처지를 비관할 필요도 없습니다. 사실 부모가 직접 나서서 하루 종일 제어를 한다고 해서 아이가 나아지는 것도 아닙니다.

문제의 핵심은 아이의 삶에 원칙이 없다는 것입니다. 생각이 흐르는 일정한 틀이 없으니 무작정 욕망이 시키는 일만 하면서 하루를 뒤죽박죽 살아가게 됩니다. 생각한 대로 사는 게 아니라, 사는 대로 생각한다는 말이 여기에 딱 맞습니다.

아이에게 필요한 건 단 하나, '원칙의 언어'입니다. 삶의 우선순위를 글로 써서 그걸 자신의 원칙으로 삼아 하루를 보낼 수 있게 하는 거죠. 언어의 힘은 생각보다 강력합니다. 눈만 뜨면 계속 생각이 나서 벗어나기 힘들기 때문입니다.

삶의 우선순위를 정하는 방법은 간단합니다. 아이가 다음 질문에 차례로 답하게 해 주고, 그걸 그대로 종이에 적으면 됩니다.

1. 하루 중 네가 꼭 해야 할 일은 뭐라고 생각하니?

2. 그걸 중요도에 따라 하나하나 나열해 보자.

3. 그 옆에 그 일을 해야 하는 이유를 적어 보자.

4. 이제 그 일을 하루 중 언제 할 것인지 정하자.

5. 매일 밤에 자신의 하루를 돌아보며, 스스로 약속을 얼마나 잘 지켰는지 평가하는 공간을 만들자.

세상에 통제할 수 없는 아이는 없습니다. 통제하지 않고 방치하

는 아이만 있을 뿐입니다. 중요한 건 삶의 우선순위를 정하고 그 일의 가치를 스스로 느끼는 것입니다. 가치를 알면 아이가 스스로 시간을 분배하게 되고, 시간을 분배하며 하루하루를 살면 그 하루가 빛나지 않을 수 없을 테니까요.

이제 더는 아이와 함께 보낼 수 있는 시간이 길지 않다고 모든 잘못을 자신에게 돌리지 마세요. 다시 한번 강조하지만 부모에게는 잘못이 없습니다. 단지 위에 제시한 5개의 방법을 통해 삶의 우선순위를 만들어 준다면, 이제 아이는 스스로 자신을 제어할 수 있는 근사한 사람으로 성장할 겁니다.

친구들 눈치를 심하게 보는 아이를 위한 부모의 말

뭐든 적당한 게 좋습니다. 눈치를 보는 행위도 마찬가지입니다. "넌 눈치가 왜 이렇게 없니!"라는 말이 있을 정도로, 적당한 눈치는 삶에 반드시 필요한 덕목입니다. 하지만 그 수준을 훨씬 뛰어넘는 아이가 있습니다. 친구들 사이에서 눈치를 심하게 봐서 아무것도 제대로 하지 못하는 아이가 있죠.

"아니, 쟤는 왜 쭈뼛거리며 서 있는 거야."

"세상에 왜 이렇게 줏대가 없어!"

"커서 뭐가 되려고 저렇게 눈치만 보는 거야!"

부모 입장에서는 자꾸만 화가 나죠. 내 아이가 친구들 사이에서 눈치만 보며 자신의 의견을 전혀 내지 못한 채 끌려다니는 듯한 모습을 보여 줄 때마다 마음이 아프고 속상해서 가슴이 찢어집니다.

"어떻게 키운 자식인데!"

놀이터에서 혼자 잘 놀다가도 또래 아이들이 지나가면 자리를 피하는 아이, 다른 아이들은 모르는 아이들과도 쉽게 어울려서 주도적으로 노는 것 같은데, 내 아이만 유독 주변을 의식해서 아무것에도 쉽게 집중을 못하니 걱정이 되죠.

"굳이 그렇게까지 착하지 않아도 되는데 너무 착해서 걱정인 우리 아이. 친구들 눈치만 보며 바보처럼 여기저기 끌려만 다니는 우리 아이."

그럴 때는 이런 식의 언어가 필요합니다.

"적당하게 제어하자."

세상에 눈치 보는 습관을 갖고 태어난 아이는 없습니다. 아이들이 주변 사람들 눈치를 보게 된 이유는 주변의 어른들, 특히 부모님 때문일 가능성이 큽니다. 아이들은 부모님이 자신의 분노를 제어하지 못하고 가족들에게 화를 내며 다투는 모습을 본 경험 때문에 눈치를 보기 시작한 거죠. 싸우는 부모 사이에서 할 수 있는 게 없으니 그 공간에서 이러지도 저러지도 못하는 외톨이가 되었던 경험이 쌓였을 수 있습니다.

부모에게서 시작된 안 좋은 습관을 '적당하게 제어하자'라는 언어로 고쳐 보세요. 이렇게 인식을 바꿀 필요가 있습니다. 아이가 친구들 눈치를 심각하게 보는 이유는 반대로 친구들에게 깊이 집중해서 그럴 수 있습니다. 적당한 집중은 서로에게 좋은 영향을 주지만 도가 넘는 집중은 자신에게 나쁜 영향을 주죠. 그렇다고 직접적으로 이렇게 말하면 더 상처를 입을 수 있습니다.

"친구들 눈치 좀 적당히 보자. 자신을 가지라고!"

"네가 뭐가 못나서 그렇게 끌려다니는 거야!"

아이에게 전하고 싶은 언어를 부모 자신도 적당히 제어하며 이렇게 변주할 필요가 있습니다. 이 말을 아이가 낭독하고 필사하게 해 주세요. 그럼 지혜로운 당신의 아이는 저절로 지혜로운 깨달음을 얻게 됩니다.

"친구들을 의식하며 사는 것은 좋은 일이지만, 너무 심각하면 그게 네 마음을 아프게 할 수도 있어. 적당한 선에서 멈춰 보자."

아이를 향한 부모의 사랑도 마찬가지입니다. 부모가 자신의 사랑을 제어하지 못하고 가진 것을 다 전하면 아이는 마음에 화상을 입을 수 있습니다.

"따스한 태양은 만물을 아름답게 하지만, 뜨거운 태양은 화상을 남깁니다."

사랑은 다 주는 것이 아니라, 적당히 제어할 때 제힘을 발휘합니다. 그리고 부모에게서 그런 사랑을 받은 아이는 나중에 커서도 심각하게 눈치를 보지 않는 사람으로 성장하게 됩니다.

소리치며 분노하지 않고
아이의 행동을 바꾸는 6가지 부모의 말

매일 같은 시간에 같은 이유로 짜증을 내는 아이, 지켜보는 부모님은 이런 생각을 할 수밖에 없죠.

"아이가 짜증 내는 소리는 정말 참을 수 없어."

"저 소리만 들으면 난 정말 미칠 것 같아!"

부모라고 솟아오른 분노까지 억제할 수는 없습니다. 상황을 해결하려면 분노와 해결책을 이렇게 따로 분리해서 생각하는 게 좋습니다.

"아이가 짜증 내는 소리는 싫지만, 마음속에서 무엇을 원하고 있는지 궁금하다."

반면에 이런 식의 남들과 비교하는 언어는 매우 좋지 않습니다.

"얼마나 가르쳐야 제대로 할 수 있니? 너는 왜 이렇게 남들보다 느린 거야!"

이것은 분노에서 나온 표현을 낙인으로 찍는 것과 같기 때문이죠. 그럴 때는 아이의 현재 상태를 정확한 언어로 표현해 주는 게 좋습니다.

예를 들면 이런 식으로 말이죠.

"어제는 이 부분이 이 정도였는데, 오늘은 어제보다 이 만큼이나 나아졌네."

현재를 정확하게 표현할 수 있어야 분노하지 않고 낙인도 찍지 않을 수 있습니다. 분노의 메시지를 버리고 아이에게 긍정적인 메시지를 전할 수 있게 해 주세요.

일상에서 흔히 나오는 부정적인 메시지를 긍정적인 메시지로 바꿔서 표현하는 연습을 해보겠습니다. '6가지 부모의 말'을 대표하는 이 표현을 자주 낭독하고 필사하면서 자신의 것으로 만들어 보세요. 그럼 아이와의 대화에서 필요할 때 어려움 없이 쉽게 안에서 긍정적인 말을 꺼낼 수 있게 될 겁니다.

1. 넌 대체 왜 그 모양이니, 완전 게으름뱅이구나!

→ 우리 앞으로 약속이 있을 때는 5분만 서두를까? 그럼 우리의 하루가 더 행복해질 것 같아.

2. 엄마가 그건 절대로 하면 안 된다고 말했지!

→ 그건 조금 위험하니까, 이게 어떨까?

3. 그렇게 편식을 하면 나쁜 어린이라고 했지!

→ 골고루 잘 먹는 건 참 건강한 행동이지.

4. 제발 장난감 다 가지고 놀았으면 정리하라고!

→ 놀이 후에는 정리해야 한다는 걸 깜빡 잊었구나.

5. 엄마가 어제 경고했지! 벗은 옷은 아무 데나 던지지 말라고!

→ 앞으로는 집이 깨끗해질 수 있게, 네가 좀 도와줄 수 있겠니?

6. 아침에 일찍 일어나라고 했어, 안 했어!

→ 알람이 끝나기 전에 일어날 수 있겠니?

아이가 말썽을 부릴 때나 말을 제대로 듣지 않을 때, 부정적인 표현이 담긴 말을 긍정적으로 바꿔서 전할 수 있다면, 이전보다 효과적으로 아이의 변화를 기대할 수 있습니다.

물론 그 사실을 안다고 당장 그렇게 말할 수 있게 되는 것은 아닙니다. 그래서 앞에 제시한 문장을 낭독하고 필사하는 과정이 필요한 것이지요. 아이를 존중하면서, 기품과 배려의 가치를 동시에 전할 수 있어야 합니다. 부모의 긍정 메시지가 아이의 긍정적인 변화를 이끌어 낼 수 있다는 사실을 기억해 주세요.

거친 욕을 달고 사는 아이를 위한 도움의 말

요즘 초등학생들이 모인 공간에 가서 잠시만 살펴봐도 습관처럼 자연스럽게 욕을 내뱉는 현실을 목격하고 경험할 수 있습니다.

"내 아이는 절대 욕을 하지 않아요."

물론 끝까지 이렇게 생각하는 부모도 있습니다. 그러나 이런 슬픈 단서가 있다는 사실을 모르시죠.

"집에서 혹은 부모님 앞에서만."

저는 지금 그 냉혹한 현실을 알리기 위해 이 글을 쓰는 게 결코 아닙니다. 지금 몰래 욕을 하고 있는 아이들, 욕은 하지 않지만 거친 언어를 사용하는 아이들을 친구로 두고 있는 아이들, 이 모든 아이들을 구하기 위해서는 더욱 '기품 있는 언어'의 가치를 전해야 합니다.

"거친 말을 사용하지 않는 착한 아이가 되어야죠."

"우리 욕하지 말고 좋은 말만 사용하자."

단순히 이런 표현의 나열은 효과가 크지 않습니다. 이런 제안이 별로 효과가 없는 이유는 좋은 언어의 가치를 아이가 모르기 때문입니다. 정의, 배려, 용서, 사랑, 품위 등 생각만 해도 좋은 기운이 느껴지는 좋은 단어를 스스로 정의하게 해 주세요. '기품'이라는 단어로 예를 들어 설명하겠습니다.

"'기품'이라는 단어를 뭐라고 정의할 수 있겠니?"

하루는 초등학교 2학년 아이에게 이렇게 묻자, 아이는 짐작하지 못했던 놀라운 답을 내놨습니다.

"기품은 고급스러운 것입니다."

이것이 왜 놀라운 사실일까요? 단순히 좋은 답을 해서가 아니라, 아이 삶에 기적이 시작된 거라서 그렇습니다. 친구들을 만날 때 이제 아이는 이런 생각을 하죠.

"친구가 욕을 섞어서 말하는 게 고급스럽지 않네. 그럼 나는 기품 있게 말하려면 어떻게 해야 할까?"

아이는 스스로 좋은 언어를 찾아내 사용합니다. 친구에게도 사용하고 부모님에게도 사용하죠. 그리고 스스로 이런 깨달음을 얻게 됩니다.

"기품 있는 고급스러운 언어를 사용하니 주변 사람들과 좋은 관계를 맺을 수 있네. 뭔가 더 그 사람들을 이해한 기분이야. 앞으로도 계속 사용하는 게 내게 좋을 것 같아."

아이는 이제 나쁜 언어의 유혹에 빠지지 않습니다. 좋은 언어의 가치를 스스로 깨닫게 되었으니까요.

아이 주변 환경이 바뀐 것도 아니고, 만나는 친구가 바뀐 것도 아닙니다. 그저 좋은 단어를 하나 정의했을 뿐입니다. 자신이 정의한 단어라는 렌즈로 세상을 바라보며 아이의 내면에서는 또 하나의 근사한 세계가 탄생한 것입니다.

아이가 거친 언어를 구사하는 이유는 내면에 나쁜 것이 있거나 못된 아이라서가 아닙니다. 좋은 언어의 가치를 아직 몰라서 그렇습니다. 물론 나쁜 것을 나쁘다고 말하는 것도 필요합니다. 하지만 그것보다는 좋은 것의 가치를 언어의 정의를 통해 스스로 깨닫게 하면, 아이는 스스로 자신을 지키는 힘을 갖게 됩니다. 언어라는 크고 견고한 성을 갖게 되기 때문이죠.

아이가 처음 말대답을 하며 부모와 맞서려고 한 날

아이가 처음 말대답을 하면 부모 입장에서는 정말 혼란스럽습니다. 그렇게 사랑스럽게 웃으며 다가오던 아이가, 처음 반기를 들며 말대답을 했으니까요. 생글생글 웃으며 품에 안겨 있던 날을 생각하면 하늘이 무너지는 기분이 들 수도 있습니다. 그러나 반대로 이렇게 생각해 보세요.

"아이가 이제 자신의 생각을 갖게 되었구나. 생각이 확고해지니 당당히 의견을 말하게 되었네."

이렇게 생각을 바꾸면 아이가 처음 말대답을 하며 반기를 든 날은 슬픈 날이 아니라, 마음껏 축하해도 모자랄 정도로 기쁜 날입니다. 그동안 아이는 부모의 말에 다 공감해서 반기를 들지 않았던 게 아닙니다. 자신의 분명한 생각이 없었고, 생각에 대한 확신이 강하지 않아서 속에 묻어두고 있었을 수도 있습니다.

그런 아이가 이제 가장 사랑하는 사람에게 먼저, 자신의 첫 생각을 들을 수 있는 기회를 선물한 거죠. 그러니 기쁜 날이 아닐 수 없겠죠.

"우리 아이가 처음 자기 생각을 말한 날."

이렇게 기념일로 정할 가치가 충분합니다. 그러니 분노에 사로잡힌 상태에서 이런 식의 응수를 하는 건 좋지 않아요.

"너, 지금 엄마에게 그게 무슨 말버릇이야!"

"누가 그렇게 트집을 잡으라고 했어!"

"지금 엄마에게 대드는 거야? 혼날래!"

왜 이런 응수가 좋지 않을까요? 아이 입장에서는 처음으로 자신의 생각을 전했는데, 그걸 부모가 나쁜 말버릇이라고 규정하며 트집과 대드는 걸로 낮춰서 대응했기 때문이죠. 이때 부모의 반응에 따라 아이가 앞으로 펼칠 생각의 깊이와 넓이가 결정됩니다.

"내 생각은 수준이 낮은 거구나."

"이제 앞으로는 조용히 있어야겠네."

이렇게 자기 생각을 불신하면서 평생 마음속으로 숨기는 삶을 살게 될 수도 있습니다. 혼날 일이 아니라 칭찬받을 일이라는 사실을 기억하세요.

"와, 그렇게 생각할 수도 있구나."

"네 생각이 참 근사하다."

"그런데 조금만 더 예쁘게 말하는 게 어떨까?"

이런 식으로 아이의 생각을 존중하며, 표현을 예쁘게 하는 방식으로 이끌어 주어야 합니다. 아이에게 처음부터 제대로 반응하고 알려 주어야 자신의 생각을 사람들에게 전하는 방법과 그걸 가장 근사하게 표현하는 방식을 스스로 깨우치며 터득하게 됩니다. 세상과 지혜롭게 소통하는 방식을 부모와 처음 맞선 날부터 배우는 거죠. 그러니 혼내지 말고 많이 축하해 주세요. 못된 반항이라 치부하지 말고, 좋은 변화의 시작이라 생각해 주세요.

아이와의 애착을 형성하는
부모의 말투

아이와 부모가 서로에게 언제나 기댈 수 있다는 신뢰가 곧 애착의 질을 결정합니다. 그래서 부모는 아이에게 언제나 쉴 수 있는 어깨이자, 어떤 위험한 상황에서도 안전한 대상이어야 하고, 위험에서 보호하며 이끌 든든한 지원군이어야 합니다. 애착이 약한 관계에서는 아무리 함께 있어도 외롭고 쓸쓸한 감정을 느끼게 됩니다. 사랑이 가득해야 할 부모와 아이가 그런 관계가 되면 안 되겠지요.

아이를 품에 자주 안고 따뜻하게 스킨십을 하는 것도 좋지만, 결정적인 역할을 하는 것은 역시 부모의 말투입니다. 말투는 거부할 수 없으며 가장 직접적으로 느껴지는 것이라 그렇습니다. 아이의 미래를 결정하는 애착 관계를 가장 아름답게 하려면 부모는 어떤 말투를 가져야 할까요?

먼저, 현실을 한번 확인해 볼까요?

부모 자신은 잘 모르지만 같은 말도 못되게 하는 습관을 가진 사람이 꽤 많습니다. 아픈 부분만 콕콕 찌르는 말투를 구사하는 부모도, 듣기 싫은 이야기를 최악의 표현을 더해 폭탄처럼 던지는 부모도 있지요. 사랑하지 않아서 그런 게 아니라, 잘 몰라서 그러는 거니, 이제 그 사실을 깨닫고 주의를 기울이면서 대화를 나누면 됩니다.

협박과 강요로 아이에게 죄책감과 수치심을 주는 말투가 가장 나쁜 영향을 미칩니다. 반대로 보호받고 있다는 느낌과 안정감을 주는 말투는 좋은 영향을 미치죠.

아래와 같은 식의 말투는 좋지 않습니다. 부모를 의지할 수 없는 사람으로 만드니까요.

- 비아냥: 네가 뭘 제대로 할 수 있겠어?

- 협박: 그거 못하면 국물도 없는 줄 알아!

- 조롱: 바보냐? 왜 말귀를 못 알아먹냐!

- 비교: 친구들도 너 이러는 거 아니?

어떻게 해야 할까요? 같은 말도 이렇게 바꾸면 애착을 형성하는 데 좋습니다. 표현에 이런 감정을 담는다고 생각하면 됩니다.

- 가능성: 다음에는 분명 더 나아질 거야.

- 희망: 그거 못하면 다른 걸 시도하면 되지.

- 이해: 어느 부분이 가장 이해가 되지 않았니?

- 용기: 잘 될 때까지 우리 같이 해보자.

이제부터 일상에서 아이와 대화를 나누며 비아냥과 협박, 조롱과 비교의 말투가 나올 때, 가능성과 희망, 이해와 용기의 감정을 꺼내세요. 그럼 모든 말투가 저절로 아이의 마음과 귀에 좋은 아름다운 언어로 바뀌게 될 겁니다.

아이 교육과 점점 멀어지게 하는 부모의 말 습관

　　하루는 커피전문점에서 글을 쓰고 있다가 참 근사한 풍모를 지닌 부모를 만났습니다. 그는 노트북으로 업무를 보던 중이었는데, 아이가 옆에서 무엇을 물어도 섬세하게 참 열심히 답해 주며 가르치고 있었습니다. 속으로 이렇게 생각하고 있었지요.

　　"일도 해야 하는데, 아이의 질문에도 저렇게 마음을 다해 답하다니, 참 지혜로운 부모네. 아이들 미래가 기대된다."

　　그런데 같은 커피전문점에서 두 시간 후에 전혀 다른 자세로 아이를 대하는 부모를 만나게 되었습니다. 그는 아이의 질문에 화를 내며 마치 공격하듯 이렇게 답하곤 했습니다.

　　"지금 엄마 일하고 있는 거 안 보이니? 대체 너는 혼자서 할 수 있는 게 뭐야! 저리로 가라고 제발!"

바라보기만 해도 가슴이 답답할 정도로 분노로 가득한 눈빛이었습니다. 아이가 대체 어떻게 성장할지 걱정이 절로 들었습니다.

자, 여러분 그런데 여기에 놀라운 사실이 하나 있습니다. 놀랍게도 두 부모는 같은 사람이었습니다. 선뜻 이해가 되지 않으시죠? 상황은 간단합니다. 2시간 전에는 부모가 좋은 기분인 상태로 아이를 대했던 것이고, 2시간 후에는 회사에서 받은 안 좋은 소식 때문에 잔뜩 분노한 상태로 아이를 대했던 것입니다. 같은 사람이지만 감정 상태가 전혀 달랐던 거죠. 여러분도 아마 일상에서 자주 경험하는 이야기일 겁니다. 아침에 일어날 때는 늘 이렇게 외치며 시작하죠.

"오늘은 정말 아이를 사랑하는 마음으로 대하며 예쁘게 하루를 보내야지!"

그러나 시간이 흐르며 이것저것 일을 하느라 바쁜데, 아이마저 자신이 싫어하는 행동을 반복한다고 생각해 보세요. 이런 경우 많은 부모들의 마음이 점점 부정적으로 바뀝니다. 분노가 쌓이고 짜증이 시작됩니다. 그러다가 어떤 계기로 폭발하면서 마음에도 없는 말을 내뱉게 되지요.

"너, 내가 그러지 말라고 했지!"

"조심하라고 몇 번이나 말했니!"

"넌 대체 언제쯤이면 잘할 수 있는 거니!"

그러다가도 밤에 잠들 때는 다시 반성을 하죠. 낮에 화냈던 일을 후회하며 잠든 아이 뺨에 뽀뽀를 합니다. 물론 다음날 같은 분노와 후회가 반복됩니다. 슬프지만 늘 마주하는 우리의 현실입니다.

앞선 사례에서 본 것처럼 우리는 늘 기억해야 합니다. 우리는 누구나 아이를 위한 가장 지혜롭고 현명한 부모입니다. 단, 마음이 평화로운 상태에 있을 때만 그렇습니다.

세상에 완벽한 교육은 존재하지 않겠지만 혹시 그런 것이 있다고 해도, 만약 부모가 화를 내고 있는 상태라면 어떤 완벽한 교육도 그 힘을 잃습니다. 결국 부모의 모든 언어는 아이에게 비난과 조롱으로 느껴질 테니까요.

교육은 화를 내면 자신이 가진 힘을 잃습니다. 정말 힘들고 쉽지 않지만 부모가 최대한 분노를 제어하고 좋은 것을 자주 꺼내야, 아이의 정서와 인지 발달에도 긍정적인 영향을 줄 수 있습니다.

2장

탄탄한 내면을
구축하는 대화

아이의 낮은 자존감을 높이는
부모의 말

아이의 자존감을 높이려고 많은 부모가 애를 씁니다. 실제로 주변의 이런 조언을 듣고 행동으로 옮기기도 하죠.

"스스로 양치질을 하게 해야 자존감이 높아진다."

"열심히 공부해서 성적을 올려야 자존감도 높아진다."

물론 모두 좋은 이야기입니다. 하지만 높은 자존감 형성에 더 큰 역할을 하는 건, '행동의 결과'보다는 '언어의 방향'에 있습니다.

자존감과 자신감을 먼저 구분해야 합니다. 자존감은 스스로 자신에게 허락하는 것이지만, 자신감은 세상의 기준으로 정해지는 거죠. 예를 들면 양치질을 혼자 잘하는 것과 열심히 공부해서 성적이 오르는 것은 자신감과 관계 있고 자존감과는 상관이 없습니다. 자신감을 갖게 되었다가도 성적이 떨어지면 다시 자신감도 떨어지기 때문이죠. 하지만 자존감은 결코 사라지거나 떨어지지 않습니다.

자존감이 낮은 아이들에게는 다음과 같은 공통점이 있습니다. 부모에게서 이런 이야기를 자주 들었다는 거죠.

"그럼 그렇지, 내 팔자에 뭘 기대하겠어."

"너 때문에 온 가족이 고생하는 거 안 보여!"

"대체 언제 커서 사람 구실을 하려나!"

사랑하는 사람들을 바라보며 우리는 사랑받는 법을 배우고, 미워하는 사람들을 바라보면서는 비난과 분노라는 감정만 배우게 됩니다. 후자의 경우 자존감이 높아질 수가 없겠죠.

지금 당신은 아이에게 어떤 모습과 표정 그리고 감정을 보여 주고 있나요? 그걸 어떤 언어로 표현하고 있나요? 당신이 어제까지 아이 앞에서 보여 준 감정이, 오늘 아이들이 세상을 대하는 태도를 결정합니다. 부모의 감정이 곧 아이의 자존감을 완성하는 것이죠.

아이의 자존감은 부모의 언어가 결정합니다. 그러니 이런 식의 이야기를 자주 들려주세요.

"이건 너라서 할 수 있는 일이야."

"네가 아니라면 꿈도 꿀 수 없는 거지."

"네가 있어서 나도 있는 거야."

그런 말을 자주 듣고 자란 아이는 저절로 이런 감정을 느끼게 되죠.

"나는 사랑받는 사람이야."

"내가 하는 일은 가치가 있어."

"나는 뭐든 잘할 수 있어."

부모의 말을 통해 아이는 내면을 단단하게 다집니다. 수천 명이 자신을 떠나도 당당하게 혼자 머물 수 있고, 처참하게 실패해도 자신 있게 고개를 들 수 있지요. 자존감이란 스스로 자신을 사랑하고, 언제까지나 믿는 힘의 강도를 말합니다. 아이에게 사랑과 믿음의 말을 자주 선물하세요. 부모의 말이 아이에게는 살아갈 자본이니까요.

친구가 없어서 고민하는
아이를 위한 부모의 말

아이들이 주로 하는 고민 중에 생각보다 쉽게 풀리지 않는 문제가 바로 친구와의 관계에서 오는 것들입니다.

"애들이 나랑 잘 놀지 않아."

"난 왜 친구가 별로 없는 걸까?"

"내가 좀 이상한가?"

친구가 없다는 것은 아이의 입장에서 정말 견디기 힘든 고통입니다. 혼자는 정말 외롭고 쓸쓸하죠. 게다가 학교에 가도 친구가 없으니 혼자서 외톨이가 된 상태로 지내게 됩니다. 부모님들의 걱정은 날로 커지고 아이들의 한숨도 깊어집니다.

어떻게 해 주는 게 아이를 위한 좋은 선택일까요? 그렇다고 학교 앞에 가서 서 있거나 반 친구들이 많이 다닌다는 학원으로 아이 학원을 옮기는 것도 생각처럼 큰 도움은 되지 않습니다. 갑자기 아이의 상태와 환경을 확 바꿀 수는 없습니다.

시선을 밖이 아닌 안으로 돌려야 합니다. 중요한 건 아이의 내면을 단단하게 해 주는 겁니다. 이런 생각이 들지 않게 해 주는 게 좋아요.

"친구들이 날 싫어해서 멀리하는 걸까?"

"이렇게 하면 친구들이 더 싫어하겠지?"

"내가 전화하면 아마 싫어할 거야."

아이의 이런 모든 걱정과 고민은 결국 다음과 같은 최악의 결론으로 이어질 수 있습니다.

"모든 게 다 내 잘못이야. 난 왜 이렇게 태어난 걸까? 누가 이런 나랑 친구를 하겠어."

아이를 이런 상황에 빠지지 않게 하려면 이 글을 잘 읽어 볼 필요가 있습니다.

"세상에 모두와 잘 지내는 사람은 없고, 또 굳이 그럴 필요도 없다. 정말 소중한 친구 몇 명만 있으면 되는데, 그 시작은 먼저 나 자신과 멋진 친구가 되는 것이다."

혼자서도 잘 지내는 아이가 많은 사람과도 잘 지냅니다. 이런 식의 대화로 그 가치를 느끼게 해 주세요.

"오늘 했던 생각 중에 어떤 게 가장 기억나니?"

"어제 읽었던 책 어떤 부분이 좋았어?"

"화단에 핀 꽃 보러 가자."

이런 식으로 과거 혹은 현재 보내는 시간이 어떤 방식으로든 가치가 있다는 사실을 대화를 통해 자연스럽게 알려 주세요. 주의할 점은 바로 이것, 선택할 수 있게 해서는 안 된다는 것입니다. 선택할 수 있게 하면 부정적으로 흐르게 되니까요.

오늘 어떤 생각을 했었니?
→ 오늘 했던 생각 중에 기억에 남는 게 뭐니?

어제 읽었던 책 좋았어?
→ 어제 읽었던 책에서 어떤 부분이 좋았어?

화단에 핀 꽃 보러 갈래?
→ 화단에 핀 꽃 보러 가자.

이렇게 대화를 통해 행동을 이끌 수 있고, 아이는 점점 혼자 있는 시간도 충분히 가치 있다는 사실을 깨닫게 되죠. 그런 멋진 아이가 되면 어떤 변화가 일어날까요? 아이를 바라보는 친구들의 시선이 달라지죠. 서로 친구가 되려고 찾아올 겁니다. 외면에 치우친 시선을 내면으로 돌리면, 모든 것이 자연스럽게 자리를 잡게 될 것입니다.

아이의 도전 정신을
일깨우는 말

"내가 해볼래요."

보통 아이가 세 살 정도가 지나면 문득 이런 이야기를 부모에게 던집니다. 이 말은 곧 아이가 자신의 인생을 스스로 주도하며 살기 시작했다는 사실을 의미합니다.

이때 부모의 반응이 매우 중요합니다. 많은 부모의 머릿속에는 "그냥 내가 하는 게 좋을 것 같은데, 어쩌지?"라는 생각만 가득할 수 있습니다. 부모의 어지러운 마음을 충분히 이해합니다. 아이가 무언가를 시작해서 제대로 끝을 맺으려면 수차례 시도해야 하고 그 과정에서 집안은 엉망이 되기 때문이죠. 엎지르고, 쏟고, 떨어뜨리고, 망가뜨리며 아이는 겨우겨우 무언가 하나를 완성합니다.

부모 입장에서는 그 어지러운 풍경을 상상하는 것만으로도 짜증이 나기 시작하죠. 그러나 이때 부모의 반응이 아이의 자기주도성과 자존감을 결정하는 데 큰 영향을 미친다는 사실을 기억하세요.

이 시기에 부모의 적절한 말을 듣고 자란 아이는 근사하게 자기만의 삶을 시작하게 됩니다. "나도 무언가를 할 수 있어."라는 생각을 하기 때문입니다. 스스로 자신의 생각을 믿고, 생각을 현실에서 주장하고 실천하는 데 어떤 두려움도 갖지 않게 되죠. 그래서 더욱 자신감 넘치며 동시에 정서적으로도 매우 안정된 일상을 살게 됩니다. 그 짧은 순간 부모의 입에서 나온 말이, 나머지 아이의 삶을 결정하는 셈이죠.

제가 예로 든 글을 하나하나 잘 살펴보며 읽어 주세요. "내가 해 볼래요."라는 아이의 말에, 이렇게 답한다면 아이는 바로 실망하며 점점 더 아무것도 스스로 하려고 하지 않게 됩니다.

"그건 아직 너에게 무리야. 어허, 그만 거기에서 멈추자."

"나중에 하는 게 어떨까? 지금 집이 너무 지저분해서."

"너 그럼 그거 다 끝내고, 어지럽힌 것들 다 치워야 한다!"

"엄마가 다 해 주는 게 어떨까. 너는 저기 앉아서 게임이나 해."

하지만 반대로 부모가 이렇게 말하면 아이는 그 순간 매우 강력한 자신감을 갖게 되며 의욕적으로 자기 생각을 실천하게 되죠.

"와, 우리 아이의 첫 도전이네. 너의 그 말이 내게는 선물이야."

"네가 뭘 완성할지 기대된다. 설레는 마음으로 곁에서 지켜볼게."

"드디어 네 생각을 현실로 만드는 거네. 덕분에 나도 근사한 하루가 될 것 같아."

어떤 차이점이 느껴지나요? 비슷하지만 완전히 다른 표현입니다. 그러나 결코 어려운 말이 아닙니다. 아이가 무언가를 시도하려고 할 때 이런 생각을 한다면 누구든 쉽게 떠올릴 수 있지요.

"만약 내가 아이라면 부모님이 내게 뭐라고 말해 주길 바라고 있을까?"

만약 아이가 처음 자신의 의지를 드러냈을 때 이런 이야기를 들려주지 못해서 자기주도성과 탄탄한 내면을 갖지 못했다면, 지금도 늦지 않아요. 이제라도 아이를 세게 안아 주고 아이의 모든 시도에 아름답게 반응해 주세요.

또래 친구와의 관계 형성에
도움이 되는 대화

"그래, 친구 이름이 뭔데?"

"공부는 잘하는 친구야?"

아이에게 새로운 친구가 생겼다는 말에 이런 질문은 좋지 않습니다. 물론 첫 질문으로 "이름 정도는 물어볼 수 있는 게 아닐까?" 라고 생각할 수 있습니다. 또 너무 빡빡한 거 아니냐고 반문할 수도 있어요. 모두 맞는 말씀입니다. 다만, 저는 그게 나쁘다는 것이 아닙니다. 단지 더 좋은 질문이 있다는 사실을 전하는 것입니다. 굳이 더 좋은 것을 하지 않을 이유는 없으니까요.

부모가 친구의 이름을 물어보면 요즘 이름을 잘 알려 주지 않으려고 하는 아이들이 많아요. 장난스럽게 "그런 애가 있어요.", "김○○라는 친구가 있어요."라는 식으로 숨기려고 하죠. 이유가 뭘까요? 그건 친구의 존재를 숨기려고 하거나 비밀로 하려는 것이 아니라, 자꾸 다른 부분만 알아내려고 하는 부모의 말에 약간의 반항을 하는 거라고 보면 됩니다. 부모가 무엇을 질문할지 그간의 경험으로 이미 짐작하고 있으니까요.

먼저 이름을 묻고, 다음에는 어디에 살고 있는지, 마지막에는 성적에 대해서 묻게 되지요. 사실 그게 많은 부모의 마음이기도 합니다. 내 아이가 세상이 말하는 좋은 친구와 사귀기를 바라는 것은 거의 모든 부모들의 당연한 소망이니까요. 그런데 아무리 그렇다고 해도 이건 꼭 기억하셔야 해요. 바로 질문의 시작이 중요하다는 사실이죠.

처음부터 아이의 이름을 물으면 또 호구조사를 할 거라는 사실을 아이가 짐작하게 됩니다. 조사하려는 마음을 접고 아이가 있는 공간에서 함께 즐기려는 마음을 펴는 게 좋습니다.

아이가 "요즘 친하게 지내는 친구가 생겼어."라는 말을 한 이후, 아이가 가장 원하는 질문이 무엇일까 생각해 보세요. 바로 이런 것들이죠.

"와, 정말 축하해. 멋진 친구가 생겼구나."

"어떤 점이 잘 맞아서 친해지게 된 거야?"

"그래서 네가 요즘에 기분이 좋았구나."

"언제부터 둘이 친해지게 되었니?"

"그래? 엄마도 알고 있는 친구니?"

첫 한마디를 이렇게 아이와 친구 사이를 중심에 두고 이야기를 하는 게 좋습니다. 그럼 아이의 입에서 저절로 친구의 이름이 나오게 됩니다. 친구의 장점과 단점뿐 아니라 묻지 않은 것들까지 이야기하게 되죠. 이 과정에서 부모는 알고 싶었던 것을 자연스럽게 저절로 알게 됩니다.

어떤가요? 부모가 당장 알고 싶은 것을 조금만 참고 아이가 듣고 싶은 질문을 던지면, 모든 일은 아주 순조롭게 해결이 됩니다. 대화는 그래서 수준의 문제가 아니라, 순서의 문제일 때가 많답니다. 꼭 순서를 지켜야 한다는 사실을 기억해 주세요.

학교 가는 아이에게 들려주면 하루가 근사해지는 10개의 말

학교에 가려고 신발을 신을 때, 비로소 아이의 하루는 시작됩니다. 이때 간혹 아침에 있었던 일로, 아이 기분을 상하게 할 때가 있습니다.

"넌 내일도 늦게 일어나면 아주 혼난다!"

"학교 갔다 와서 보자. 너 이 녀석!"

등교할 때는 가급적 화를 내지 않으려고 아무리 다짐을 해도 내면에서부터 올라오는 화를 가라앉히지 못하고, 아침부터 아이들 마음을 무겁게 만들죠.

"내가 왜 그렇게 말했을까?"

"시간을 되돌릴 수 있다면 얼마나 좋을까? 사랑을 가득 담아 안아 주고 싶은데."

아이가 떠난 집에서 아무리 후회를 해도 한번 상처 받은 아이 마음은 아물지 않습니다.

아침에 화를 내면 부모도, 그저 그 분노를 받아야만 하는 아이도 모두 서로의 하루를 망치게 되지요. 대신 이런 말로 하루를 시작하면 모두가 근사한 하루를 보낼 수 있답니다. 힘들고 지치고 분노가 치밀어 올라도, 서로를 위해 이런 말을 들려주세요.

1. 오늘도 어제처럼 근사한 하루를 만들자.

2. 문 열고 나가면 좋은 소식이 널 기다리고 있어.

3. 기분 좋은 생각 자주 나누는 하루 되자.

4. 오늘도 멋진 질문 하나 가슴에 품고 지내자.

5. 오후에 행복한 표정으로 다시 만나자.

6. 이렇게 아침에 웃으며 인사하니까 참 기분 좋다.

7. 우리 아이 이름은 언제나 내게 기분 좋은 말이야.

8. 오늘도 피아노 소리처럼 예쁘게 살자.

9. 사랑스러운 내 자랑, 학교 잘 다녀오렴.

10. 우리 서로 최선을 다하고 이따 보자.

어떤가요? 비현실적인 표현이라고 생각할 수도 있어요. 하지만 그건 어떤 사실을 의미할까요? 맞아요, 지금 당신이 팍팍한 현실에서 살고 있다는 슬픈 사실을 증명합니다.

왜 매일 아침에 학교에 가는 아이와 행복과 희망의 교감을 나누는 것이 중요할까요? 뒹굴기, 일어서기, 걷기, 달리기. 우리는 때가 되면 저절로 되는 것을 조금이라도 빨리 하려고 분투하다가, 정작 가장 중요한 것을 잃게 됩니다. 무엇으로도 만들 수 없는, 서로 사랑할 시간을 잃어버리게 되죠. 사소한 것들이 인생의 소중한 것을 대신하면서, 부모와 아이의 일상은 힘을 잃게 됩니다. 사랑할 때를 놓쳤기 때문입니다.

사랑을 전할 수 있는 가장 좋은 순간을 놓치지 말아요. 사랑을 전할 때 그 표현이 비현실적이어서 싫다는 사람은 없습니다. 매일 서로에게 아름다운 말을 선물할 때 우리의 기분도 근사해집니다. 그러니까 오늘도 '사랑'을 전하고 싶다는 그 마음 잊지 말아요.

단정하는 말이 주는
나쁜 영향

"너는 우리 집안을 책임질 미래의 기둥이야!"

"우리 집의 기대주, 어서 식사하세요."

이런 식의 말이 아이에게 나쁜 영향을 미친다면, 선뜻 이해가 되지 않는 분들도 계실 겁니다. 유망주나 기대주는 좋은 의미를 담고 있어서, 일상에서 기대되는 사람에게 지금도 자주 사용하는 표현이니까요.

그러나 몇 번 더 생각해 보면, 왜 아이에게 나쁜 영향을 주는지 쉽게 아실 수 있을 겁니다. '유망주'나 '기대주'라는 표현은 지금은 아니지만 내일이 기대된다는 말입니다. 네, 바로 거기에 부정적인 요인이 있습니다. '지금은 아니라는 말'이기 때문입니다.

무언가 느껴지는 게 있나요? 그날그날 하루가 다르게 성장하는 아이들에게 실제로 필요한 건, 지금 아이의 현재를 말해 주는 표현입니다. 내일을 기대한다고 말하는 것은 아이에게 자신의 오늘을 부정하는 표현처럼 들릴 수도 있습니다.

"나는 그런 의미로 말한 게 아닌데요."라며 따스한 마음을 전하려고 했다고 말할 수도 있죠. 하지만 말은 그걸 내뱉는 사람이 아닌, 듣는 사람에게 어떻게 들리는지가 더 중요합니다. 그래서 말은 평생 배우는 겁니다. 감정만으로 통하는 것이 아닙니다. 끝이 없는 공부인 셈이지요.

자신의 오늘이 아닌 내일과 미래만 말하는 주변 사람들의 이야기에 아이는 혼자서 심각하게 이런 생각을 하게 됩니다.

"난 아직 뭔가 하기에 부족하지."

"언제쯤 나는 뭔가 제대로 할 수 있을까?"

"뭔가 제대로 하는 게 내게는 참 어렵네."

분명 좋은 재능을 갖고 있지만 늘 머뭇거리며 무엇도 제대로 시작하지 못하는 아이들은 일상에서 자신의 현재에 대한 이야기를 선명하게 듣지 못했을 수 있습니다. 아이의 현재 수준과 능력에 초점을 맞춘 이런 식의 이야기를 자주 들려주세요.

"요즘 너 걷는 모습도 정말 당당하더라."

"이제는 채소도 정말 맛있게 잘 먹네."

"엄마 음식 준비도 도와주는 걸 보니, 이제 네가 요리도 할 수 있을 것 같아."

어떤 공통점이 느껴지나요? 모두 '도'라는 표현이 들어 있습니다. 아이의 현재 상태를 표현할 때는 '도'를 넣어야 효과가 더 좋습니다. 예를 들어서 그 차이를 느껴 볼까요?

"채소는 정말 맛있게 잘 먹네."

"채소도 정말 맛있게 잘 먹네."

느낌이 어떤가요? 전자에서는 "다 못하지만 이건 잘하네." 후자에서는 "다 잘하는데 이것도 잘하네." 이런 마음이 선명하게 느껴지지요.

이런 방식으로 '도'를 넣어서 아이의 현재 수준을 최대한 정확하게 말해 주세요. 그래야 아이가 자신의 현재에 대해서 제대로 알 수 있고, 지금도 충분히 자신이 가치 있는 존재라는 사실을 체감할 수 있습니다.

아이의 내면을
탄탄하게 해 주는 부모의 말

이제 일상에서 자주 발생하는 사례를 하나 소개하겠습니다. 이 사례의 주인공이 여러분이라고 생각하면서 천천히 읽어 주세요. 그래야 감정이입을 더 잘할 수 있어 현실을 제대로 인식할 수 있으니까요.

여기는 조용한 분위기의 고급 식당입니다. 아이가 실수로 그만 컵을 바닥에 떨어뜨려서 큰 소리가 나는 동시에 주변 사람들이 모두 여러분 가족을 주시하고 있습니다.

그때 만약 부모가 다음과 같이 화를 냈다고 생각해 보세요.

"너, 내가 조심하라고 했지! 왜 주의를 하지 않는 거야."

"자꾸 이러면 같이 밖에 나올 수가 없지!"

"에이 짜증 나. 너 집에 가 있어!"

중요한 건 부모의 일관성입니다. 만약 집이나 상대적으로 대중적인 식당에서는 "괜찮아. 실수할 수도 있지."라며 늘 차분하게 아이의 실수를 포근하게 안아 줬다면 문제는 커집니다. 상황에 따라 전혀 다른 부모의 말은 아이에게는 전혀 일관성이 없게 느껴지기 때문이죠.

"왜 다른 곳에서는 화를 내지 않으시면서, 갑자기 화를 내세요."라는 아이의 항의에 만약 부모가 이렇게 응수하면 상황은 돌이킬 수 없게 됩니다.

"그때랑 지금은 다르지!"

"사람들이 쳐다보고 있잖아!"

"넌 왜 이렇게 눈치가 없니?"

이런 식의 표현은 부모가 스스로 "나는 속과 겉이 다른 사람이다."라고 고백하는 것과 같습니다. 물론 실수를 할 때 적절하게 혼내고 주의를 주는 것은 교육상 필요한 부분입니다. 다만 중요한 사실은 그 안에 "그때랑 지금은 다르다.", "사람들의 시선을 봐라.", "눈치가 없네." 등과 같은 요소가 없어야 한다는 것입니다. 부모의 언어는 아이에게 살아갈 기준과도 같습니다. 일관성이 없다면 아이는 일상에서 자주 길을 잃고 방황만 하게 되겠죠.

아이가 부모에게 가장 절실하게 바라는 것은 안정감입니다. 부모는 아이에게 늘 가장 안정적인 사람이어야 하죠. 감정이 흔들리지 않고 늘 짐작이 가능한 상태이어야 합니다. 아이를 혼낼 때 이런 생각을 먼저 한 이후에 행동하는 게 좋습니다.

1. 지금 나는 일관성 있게 아이를 대하고 있나?

2. 장소와 공간이 달라서 다른 기준을 적용하는 건 아닌가?

3. 나는 혼내려는 내 생각이 스스로 옳다고 생각하나?

4. 내가 아이라도 혼나는 상황을 이해할 수 있나?

꼭 안정성과 신뢰가 중요하다는 사실을 기억해 주세요. 부모의 행동과 말이 측정 가능할 때 아이는 비로소 자기에게 주어진 삶에 집중할 수 있고, 그런 나날의 반복으로 탄탄한 내면의 소유자가 될 수 있습니다.

내성적인 아이를 위한
대화의 첫걸음

"우리 아이가 좀 내성적이라서요."

"낯을 가리는 성격이니 이해해 주세요."

처음 만나는 사람에게 아이에 대해서 이런 식으로 말하는 게, 과연 아이에게 좋은 영향을 줄까요? 아이는 자신을 소개하는 '내성적', '낯을 가리는'이라는 표현에 대해서 일단 부정적인 기분을 느끼게 됩니다. 이후에는 부모님이 자신을 그렇게 생각한다는 사실을 알게 되고, 부모님 앞에서 그런 아이가 되지 않으려고 노력하게 되죠. 문제는 이 모든 과정이 매우 억지스럽게 이어진다는 사실입니다.

이렇게 다른 사람 앞에서 아이의 단점을 미리 말해 주는 것은 아이 입장에서는 폭력입니다. 내면을 파괴하기 때문이죠. 늘 자신의 경우에서 생각해 봐야 합니다. 당신은 누군가에게 자신을 소개하면서 이렇게 말할 수 있나요?

"저는 사람 많은 곳은 좋아하지 않아요 그래서 당신과 같이 있는 이 공간이 너무 불편해요."

"저는 야구 선수를 할 수 없어요. 의지가 강하지 않으니까요."

이런 방식의 말이 듣기에 이상한 이유는 뭘까요? 중요한 사람 앞에서 굳이 단점으로 자신을 소개하는 것은 앞뒤가 맞지 않는 일이기 때문입니다. 만약 이런 방식으로 자신을 소개한다면, 듣는 상대방이 당신을 이상한 사람이라고 생각할 것입니다.

그렇습니다. 지금 우리는 사랑하는 아이를 상대방에게 이상한 아이라고 소개하는 겁니다. 아이의 성향과 기본적인 태도를 상대방에게 말할 때는 못하는 것이나 부족한 것이 아니라, 잘할 줄 아는 것을 먼저 소개하는 게 좋아요. 그래야 일단 듣는 아이가 스스로 무엇을 잘하는지 알 수 있으며, 동시에 부모가 자신을 얼마나 주의 깊게 살피며 사랑하고 있는지도 깨닫게 되죠. 어렵지 않습니다. 이런 방식으로 말을 풀어나가면 됩니다.

우리 아이는 달리기가 너무 느려요.
→ 우리 아이는 걷는 걸 참 좋아해요.

우리 아이는 글쓰기에 서툴러요.
→ 우리 아이는 독서하는 시간을 즐겨요.

못하는 것이 아닌 할 수 있는 것에 초점을 맞추세요. 아이 입장에서는 잘 모르는 사람에게 자신의 단점과 부정적인 부분이 알려지는 것이 매우 기분 나쁜 일입니다. 그 계기로 자신을 미워하며 스스로 무엇도 제대로 하지 못하는 사람이라고 단정할 수도 있기 때문입니다. 굳이 아이에게 나쁜 것을 선물할 필요는 없잖아요.

또한 못하는 부분을 말하면 거기에서 끝나지만, 할 수 있는 부분을 알려 주면 아이는 저절로 자신의 부족한 부분까지 깨닫게 되는 효과도 기대할 수 있습니다. 자신을 제대로 파악할 줄 아는 사람으로 성장하게 되는 셈이죠.

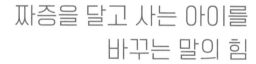

짜증을 달고 사는 아이를 바꾸는 말의 힘

자주 발생하는 상황입니다. 식당에서 혹은 장난감을 파는 상점에서 아이는 무언가 잔뜩 불만족스러운 표정으로 부모 기분을 나쁘게 만드는 말만 내뱉습니다. 이유가 뭘까요? 간단합니다. 자신의 불만을 제대로 표현할 수 없기 때문입니다. 불평을 긍정적으로 표현할 줄 알게 되면 아이와 부모는 비로소 타협의 기쁨을 느낄수 있게 됩니다.

"왜 늘 내가 먹고 싶은 건 해 주지 않는 거야!"

아이의 말에 아래와 같이 불평을 하면 결국 싸움만 나게 됩니다.

"뭐야, 이 녀석이! 해 주면 그냥 먹어."

"어디에서 반찬 투정을 하는 거야!"

"자꾸 그렇게 투정하면 나쁜 어린이야!"

하지만 불평을 긍정적으로 표현하면 달라지죠.

"저, 떡볶이가 먹고 싶은데 그거 해 주세요."

"오늘이 힘들면 내일은 먹을 수 있을까요?"

말로 전해지는 느낌이 어떤가요? 짜증과 신경질이 모두 사라지고, 순식간에 정중해진 아이의 말에 기품이 흐릅니다. 정말 간단한 방법입니다. 그런데 이게 쉽지 않은 이유는, 아이는 아직 자신의 불만을 긍정적으로 표현하는 법을 배우지 못했기 때문입니다. 못하면 알려 주면 됩니다.

불만을 긍정적으로 표현하는 다음 4가지 방법을 기억하게 하면 문제를 쉽게 해결할 수 있습니다.

1. 상대의 기분을 상하게 하지 않고 말하기

2. 상대를 비난하지 않고 말하기

3. 상대의 성과를 깎아내리지 않고 말하기

4. 상대를 비웃지 않으면서 말하기

위에 제시한 4가지 방법을 통해, 자신이 현재 무엇을 원하는지, 그걸 어떻게 하면 긍정적으로 표현할 수 있는지, 일상에서 조금씩 알려 주세요. 자신의 불만을 긍정적으로 표현할 수 있게 되면 아이는, 왜 언어가 중요하고, 한마디 말에 얼마나 많은 가치가 있는지 깨닫게 됩니다.

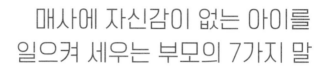

매사에 자신감이 없는 아이를 일으켜 세우는 부모의 7가지 말

언어는 아이에게 매우 중요한 역할을 합니다. 특히 10대 초반까지 자주 듣고 마음에 담은 말은 아이의 평생 인생을 결정하기 때문에 더욱 중요하죠. 이때 가장 큰 영향을 미치는 사람은 가장 자주 마주치며 깊이 사랑하는 부모님입니다.

다음에 소개하는 아이의 내면을 탄탄하게 해 주는 7가지 말을 적절한 때에 아이에게 적용해 주세요. 일상에서 낭독과 필사를 통해 자주 접하게 하는 것도 좋습니다.

1. 기대의 말

기대는 아이의 생명수와도 같습니다. 살아갈 힘을 주는 말이지요. 자신감이 없는 아이에게는 더 중요한 부분이기도 합니다.

"네가 지금까지 해온 것들도 참 귀하지만, 네가 지금부터 할 것들도 많이 기대하고 있어."

2. 생명의 말

자랑스럽다는 말, 이보다 사람의 마음을 따뜻하게 만들어 주는 표현이 또 있을까요? 아이가 자신의 삶과 일상을 소중히 여기게 하고 싶다면 자주 이런 이야기를 들려주세요.

"넌 내게 참 자랑스러운 사람이야. 항상 너를 응원하고 기대하고 있단다."

3. 품위의 말

품위는 사람을 유혹에 넘어가지 않게 돕습니다. 온갖 유혹이 자신의 품위를 손상시키거나 망친다는 사실을 알고 있기 때문이죠. 아이가 품위의 가치를 알 수 있다면 흔들리지 않고 정진할 수 있게 됩니다.

"어떤 상황이 생겨도 우리 거짓을 말하진 말자. 그건 결코 우리의 언어가 아니니까."

4. 과정의 말

아이들이 가장 힘들게 생각하는 부분이 열심히 노력한 일에서 좋은 결과를 내지 못한 것들이죠. 과정의 중요성과 가치를 알려 주세요. 그럼 아이는 더는 결과에 상처받지 않게 됩니다.

"결과가 좋지 않다고 너무 실망하지 말자, 네가 무언가 시작해서 끝냈다는 게 근사한 일이니까."

5. 가능성의 말

누구에게나 가능성이 있죠. 그래서 가능성은 발견하는 자의 몫입니다. 그걸 가장 잘할 수 있는 사람이 바로 부모입니다. 아이가 스스로 자신의 가능성을 인식할 수 있도록 말로 이끌어 주세요.

"너는 엄청난 잠재력을 갖고 있어. 이제 함께 그걸 찾아나가는 거야."

6. 깨달음의 말

배우는 속도는 모두가 다릅니다. 빠르게 배우는 아이도 있고 느린 아이도 있죠. 속도보다 중요한 건 그 안에 있는 자기주도성과 배움의 방향입니다. 이런 말을 통해 그 가치를 깨닫게 해 주세요.

"친구들보다 속도가 느리다고 걱정하지 마. 넌 단지 친구들보다 자세히 관찰하는 거니까."

7. 본질의 말

인생에서 가장 중요한 것은 무엇이 더 중요한지 그 지점을 깨닫는 거죠. 모든 것에는 이면이 존재합니다. 아이가 포장지만 보며 판단하지 않게 그 안을 들여다볼 수 있는 안목을 선물해 주세요.

"말을 잘하지 못한다고 자책하지 말자. 우리에게는 진실이라는 무기가 있잖아."

지금까지 나열한 7가지 부모의 말을 통해 아이는 이제 조금 더 자기 삶에 자신감을 갖게 됩니다. 삶에 필요한 다양한 말을 자기 삶에 장착했기 때문이죠. 지금은 입에 붙지 않을 수도 있지만 반복 해서 말하다 보면 익숙해지니, '나의 언어'가 될 때까지 반복해서 보여 주세요.

음소거를 한듯 발표할 때만 목소리가 작아지는 아이

'발표'는 '자신의 생각'을 말하는 행위입니다. 그럼 발표할 때 유독 소리가 작아진다는 것은 무엇을 의미할까요? 자신감이 부족하다? 내성적이라서? 대부분 그렇게 생각하죠. 맞지만, 아니기도 합니다. 중요한 건, 결과가 자신이 말하려는 생각에 대한 믿음의 부족에서 시작한 것이기 때문이죠. 스스로 자기 생각에 믿음이 없으니 목소리도 점점 작아지는 겁니다. 이 부분이 바로 이 문제의 핵심입니다.

자기 생각에 대한 믿음의 크기가 음성의 크기와 비례한다고 보면 됩니다. 생각에 대한 자신이 생기면 누가 시키지 않아도 손을 들고 일어서서 또박또박 자기 생각을 말하게 되죠. 또한, 소리가 엄청나게 클 필요도 없습니다. 적당한 크기의 소리를 내지만 유독 믿음과 신뢰가 가는 음성이 있으니까요. 그게 바로 자기 생각에 대한 강력한 믿음을 가진 아이들만이 누릴 수 있는 특권입니다.

여기에서 간혹 오해하는 부모님이 있는데, 중요한 건 아이의 생각을 바꾸는 것이 아닙니다. 현재 아이가 가진 자신의 생각을 스스로 강력하게 믿게 하는 것이 목적이라는 사실을 기억해 주세요.

"모든 생각은 위대하고, 가치가 있다."

이렇게 생각하게 해 주는 겁니다. 아이와 일상에서 대화를 나누며 다음에 제시하는 표현을 자주 섞어서 말해 주세요. 그럼 아이가 자신의 생각을 나날이 더 강력하게 믿게 됩니다.

1. 세상에 틀린 생각은 없어. 단지 다른 생각만 있을 뿐이야.

2. 네 생각을 스스로 강력하게 믿으면, 친구들도 네 말에 귀를 기울이게 될 거야.

3. 세상에 100 % 맞는 말은 없어. 하지만 스스로의 생각을 믿으면 그 가능성과 믿음이 모여 100 %가 되는 거지.

4. 생각을 조금 더 멋지게 다듬고 싶다면, 글로 쓰면서 연습하는 것도 좋은 방법이야.

5. 네가 생각한 말과 표현은 너만의 것이라서 더욱 특별하단다.

6. 네 생각을 주변에 말할 때 주저할 필요는 없어. 무언가를 말한다는 것 자체가 이미 훌륭한 거니까.

7. 세상의 정답을 구하는 것보다 너만의 답을 내는 게 중요하단다.

8. 기회가 왔을 때 너의 생각을 말하는 게 좋아. 그건 기회를 네 것으로 만드는 거니까.

9. 두 번 혹은 세 번 생각을 반복하면, 네 생각도 점점 근사하게 바뀌지.

이런 식의 대화를 나누며 아이는 이제 스스로 자신의 생각을 믿게 되고, 무언가를 말한다는 것이 결코 부끄럽거나 힘든 일이 아니라는 사실도 알게 됩니다. 자기 생각에 대한 자신감을 갖게 되면 자연스럽게 이루어지는 멋진 변화입니다.

생각을 통해 아이는 어떤 일을 하고 싶다는 의지와 관심을 갖게 될 것입니다. 주도적인 변화가 가능하다는 말이지요.

아이가 늘 무언가를 생각하며 그것에 대한 믿음을 갖게 해 주세요. 그런 삶을 시작하면 아이의 내면에서는 기적과도 같은 변화가 이루어집니다.

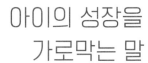

아이의 성장을
가로막는 말

무대를 압도하는 멋진 노래 실력을 듣고 나서, 지금까지 느끼지 못한 멋진 음식을 즐기고 나서, 청중의 마음을 사로잡는 근사한 강연이 끝난 후에, 여러분은 어떤 표현으로 그 순간의 감동을 전하나요? 요즘 어른이나 아이들 모두 가장 자주 사용하는 표현은 바로 '소름'이라는 것입니다.

"대박, 소름!"

"나 소름 돋았어!"

"완전 소름!"

대부분 이런 식의 표현에서 벗어나지 않죠. 듣고 맛보고 감동한 것은 다양한데 그걸 느낀 표현은 단 하나 '소름'으로 통하는 겁니다. 그게 왜 심각한 문제인지는 반대로 생각하면 쉽게 알 수 있습니다.

'소름'이라는 표현을 듣고 상대가 어떤 감정인지 짐작할 수 있나요? 무엇을 먹고 무엇을 들었는지 알 수 있나요? 전혀 알 수 없습니다. 이유가 뭘까요? 맞아요. 자신의 생각이 전혀 들어가 있지 않아서 그렇죠. '소름 돋는다'라는 말에는 참 다양한 느낌이 녹아 있습니다.

"아프다."

"힘들다."

"슬프다."

"행복하다."

"실망이다."

"희망적이다."

"기대된다."

끝도 없이 수많은 느낌을 '소름'이라는 표현 하나로 통칭하는 셈이죠. 그래서 요즘 어른과 아이들은 점점 생각을 하지 않습니다. 생각하지 않아도 느낌을 전할 수 있으니 생각할 필요성을 느끼지 못하는 것이죠.

아이의 표현력은 아이의 인생을 결정하는 매우 중요한 요소입니다. 우리는 결국 자신이 표현할 수 있는 세상만 발견할 수 있습니다. 무엇을 보든 표현할 수 없다면 자신의 것으로 만들 수도 내면에 담을 수도 없지요.

간단한 4개의 질문으로 아이의 표현력을 순식간에 상승시킬 수 있습니다. 바로 이렇게 말이죠. 만약 아이가 근사한 음악을 듣고 난 이후라면 이렇게 4단계 질문을 하나하나 적용하는 겁니다.

1. 그 음악을 감상하면서 어떤 기분이 들었어?
2. 그렇게 생각한 이유는 뭐야?
3. 그 기분을 음식에 비유하면 뭘 고를 수 있을까?
4. 왜 그렇게 생각한 거야?

간단하죠. 이렇게 4단계 질문법을 통해 단순히 음악을 감상한 느낌만 표현하는 것이 아니라, 다른 분야로 적용하면서 자신의 표현을 응용하는 것까지 배울 수 있습니다. '분야'라는 벽을 허물고, 그 중심에 설 수 있게 되는 겁니다. 이때 조심할 게 한 가지 있습니다. 단순히 "음악 어땠어?"라고 물으면 다시 또 "소름!"이라는 짧은 표현만 나올 가능성이 큽니다. 그렇게 답할 수 있게 질문했기 때문이죠. 그래서 부모의 질문이 중요합니다.

표현력을 스스로 확장할 수 있게 만드는 4단계 질문을 일상에서 자연스럽게 실천해 보세요. 놀랍도록 아이의 세계가 확장되는 것을 실감할 수 있답니다.

자신의 내일을 기대하는 아이 VS. 자신의 모든 것을 믿지 못하는 아이

집에서 즐겁게 보드게임을 하던 아이가 순간의 실수로 자신이 패배하자 갑자기 흥분해서 소리를 치기 시작한다고 생각해 보세요.

"이건 무효야! 처음부터 다시 해야 해!"

"뭐야, 엄마가 반칙한 거 아니야? 내가 왜 지는 거야!"

어떤 반칙도 없었지만 아이는 패배를 인정하지 못하고 소리만 지릅니다. 이런 아이의 이해할 수 없는 모습을 처음 보는 부모는 너무 놀라서 "어떻게 말해야 아이의 분노와 외침을 중단시킬 수 있을까?"라는 생각에 보통 이런 표현이 담긴 말을 외칩니다.

"너는 친구들이랑 같이 있을 때도 이러니?"

"다른 사람들 앞에서는 이러면 안 되는 거야."

"집에서나 봐주지, 밖에서는 어림도 없어!"

어떤가요? 이런 식의 표현이 과연 올바른 방법일까요? 이런 식의 표현은 결국 겁만 주거나 순간적인 감정만 제어하고 끝납니다. 감정을 제어하지 못하고, 실패를 받아들이지 못하는 성격과 태도를 본질적으로 바꿔 주지 못하면 아무런 소용이 없습니다.

승부욕을 대하는 부모의 인식을 바꿀 필요도 있습니다. 보통 우리는 결과를 인정하지 않거나 게임에서 지고도 패배를 인정하지 않는 아이들을 보며 이렇게 정의합니다.

"승부욕이 너무 강한 아이들."

그건 잘못된 접근입니다. 승부욕은 결코 그런 방식으로 사용할 정도의 부정적인 표현이 아닙니다. 승부욕은 '이기고 싶은 마음'을 표현하는 말이지, '지고도 패배를 인정하지 못하는 마음'은 아니기 때문이죠. 제대로 구분해야 방법을 찾을 수 있습니다.

그런 아이들은 '승부욕이 강한 것'이 아니라, '자신를 향한 믿음이 약한 것'입니다. 스스로 자신의 가치를 믿지 못하니 엉뚱한 곳에서 이기려고 애를 쓰고 말이 되지 않는 것을 요구하는 거죠. 게임 결과 정도로 자신의 가치가 변하지 않는다는 믿음을 가진 아이들은 누가 알려 주지 않아도 정정당당하게 게임을 합니다. 어떻게 하면 변화에 성공할 수 있을까요?

자, 이걸 생각해 보죠. 아이를 교육하는 목적은 아이를 하나의 독립된 존재로 키워서 부모에게서 행복하게 벗어날 수 있게 하는 것입니다. '독립'과 행복'이 가장 중요한 키워드인 셈이죠. 그런데 모든 상황에서 다른 사람과 환경을 비교하며 아이를 겁주고 일시적으로 고통을 모면하는 선에서 훈육을 끝내는 것은 아이를 위한 좋은 교육이라고 할 수 없습니다. '독립'과 '행복'이라는 키워드를 넣어서 나온 방법이 아니기 때문이죠. 그 두 가지 키워드를 넣으면 우리는 바로 이런 말을 선물처럼 받을 수 있습니다.

"바르게 게임하는 법을 어떻게 하면 알려 줄 수 있을까?"

"스스로 한 일에 책임지는 법을 알려 주려면 어떻게 해야 할까?"

앞에서 나온 '친구들'이나 '다른 사람들'을 언급한 질문과는 전혀 다른 결의 표현이죠. 이 질문을 통해 우리는 일상에서 아이들에게 들려줄 가장 적절한 표현을 떠올릴 수 있습니다.

"와, 도움 없이 혼자 게임을 하다니, 굉장해."

"우리, 근사하고 멋지게 게임을 해볼까?"

"네가 졌지만 멋진 승부였어."

일상에서 위에 언급한 표현을 자주 들려주는 게 좋아요. 자신의 가치를 깨닫고, 자기 생각과 선택에 대한 믿음을 키워 주는 표현들이기 때문이죠.

아이와 마주하는 모든 문제 앞에서 늘 '독립'과 '행복'을 중심에 두고 방법을 찾아야 아이들을 변화시킬 가장 좋은 표현을 발견할 수 있습니다. 일시적인 것에서 벗어나 영원한 것을 발견할 수도 있지요. 아이의 인생은 저 멀리까지 이어지니, 당연히 부모의 눈도 거기까지 바라볼 수 있어야 합니다.

3장

남다른 공부머리를
만드는 대화

아이의 문해력을
망치는 표현의 말

　요즘 청소년이나 아이들이 나누는 대화를 들어보면 "찢었다!"라는 표현을 자주 쓰는 걸 쉽게 알 수 있습니다. 여러분은 '이 말을 들으면' 어떤 생각이 드나요?

　예를 들어 근사한 목소리로 무대에서 노래를 부르고 내려오는 가수를 보며 "찢었다!"라는 표현으로 자신의 감상을 표현하면, 단순히 "찢었다!"라는 말을 통해서 주변 사람들은 아이가 무엇을 보고 무엇을 느꼈는지 구체적으로 하나도 알 수 없습니다. 자신의 아까운 시간을 투자해서 무언가를 봤는데 아무것도 본 게 없는 상황이 된 거죠.

　다시 말하면 이렇습니다. 무언가를 보고 배우긴 했는데, 아무것도 배운 게 없는 것입니다. 말과 행동은 이렇게 공부의 영역으로 연결이 되기도 합니다. "찢었다!"라는 말은 자기만 아는 감정을 표현한 것이기 때문에 타인과의 교감이 필요한 공감 능력을 갖추는 데도 전혀 도움이 되지 않습니다.

아이가 자신의 감정을 표현할 때, 자신만의 생각이 생생하게 드러난 글을 쓸 수 있게 하는 게 좋습니다. 이는 문해력과도 깊은 관련이 있습니다. 다양한 방식으로 조사를 해보면 자기 생각을 선명하게 표현하는 데 익숙한 아이들의 문해력이 아닌 경우보다 훨씬 높다는 사실을 알 수 있습니다. 군이 연구 결과를 확인하지 않아도 짐작할 수 있는 결과이죠.

문해력을 기르는 표현법은 일상에서 쉽게 연습할 수 있습니다. 주어와 동사, 그리고 목적어를 넣어서 말하고 글을 쓰는 연습을 해보는 것입니다. 앞서 언급한 가수의 무대를 예로 들면, "찢었다"라고 말하지 말고 이런 3단계 방식으로 표현하면 더욱 섬세하게 자신의 느낌을 상대방에게 전할 수 있습니다.

1. 자신의 느낌을 전하기

"난 저 가수가 부른 노래를 더 듣고 싶어."

2. 그렇게 생각한 이유 더하기

"나는 앞으로 저 가수의 팬이 될 것 같아, 노래를 더 듣고 싶어졌으니까."

3. 앞으로의 변화를 추가하기

"나는 앞으로 저 사람의 노래를 더 사랑하게 될 것 같아."

아이와 나누는 일상에서도 마찬가지입니다. 열심히 방을 청소한 아이에게 "방이 깨끗해졌네."라고 말하는 건 문해력 측면에서는 최악입니다. 늘 주어를 아이로 세우고, 동사와 목적어가 들어간 문장을 들려주는 것이 좋습니다.

"그건 너무 어려운 일이 아닐까?"라고 생각할 수도 있습니다. 하지만 걱정할 필요는 없습니다. 대부분의 문장은 주어만 '아이'로 넣으면 동사와 목적어는 거의 저절로 완성이 되니까요.

아래를 참고하셔서 바로 시작해 보세요. 부모가 일상에서 먼저 이런 식으로 말하면, 아이는 듣는 것만으로도 충분한 공부가 됩니다.

"네가 2시간이나 열심히 청소한 덕분에 방이 정말 깨끗하게 바뀌었네."

"우리 ○○이가 지난 2주 동안 열심히 공부하더니 원하던 성적을 받았네."

이렇게 표현하면 듣는 사람이 쉽게 상대방이 어떤 상황에서 무엇을 했는지 이해할 수 있습니다. 또한, 일상에서 주어와 동사 그리고 목적어를 사용하는 말과 글을 쓰면 언어를 섬세하게 단련하는 동시에 문해력도 높일 수 있습니다.

처음에는 쉽지 않으니 예로 든 문장처럼 '나'를 주어로 시작한 말과 글로 연습을 시작하는 게 좋습니다. 또한, 뭐든 나를 주제로 표현을 시작하면 쉽게 생각을 이어나갈 수 있으니 이 지점도 꼭 기억해 주세요.

문해력의 핵심은 '나만의 표현을 갖는 일상'에서 시작합니다. 모두가 같은 상황에서 같은 것을 보고 있어도 언제나 특별한 의미를 부여해서 근사하게 표현하는 사람이 있죠. 그들은 어디에서 무엇을 해도 주어진 역할 그 이상을 해냅니다. 문해력이 곧 생존력인 이유가 바로 거기에 있습니다. "찢었다."와 같은 표현은 나만의 표현이 될 수 없습니다. 주어와 동사 그리고 목적어를 사용하는 말과 글을 사용하면, 저절로 아이가 자기만의 표현을 하게 될 것이고, 세 달 정도만 지나도 문해력이 몰라보게 높아져 있을 것입니다.

아이가 자기만의 표현을 할 수 있게 해 주세요. 일상의 대화를 통해 충분히 쉽게 연습할 수 있습니다. 아이가 자기만의 표현을 하나 만들었다는 것은, 아이가 자기만을 위해 준비된 세상을 하나 더 얻게 되었다는 사실을 의미합니다.

공부하는 시간을
빛내는 7가지 말

한 가지 일에 몰두하던 사람이 정신적 육체적으로 극도의 피로를 느껴 무기력증, 자기혐오, 직무 거부 등에 빠지는 증상을 '번아웃 증후군'이라고 합니다. 이 현상은 어른들뿐만 아니라 공부하는 아이에게도 일어납니다.

아이들은 태어나면서부터 무언가를 계속 배우며 살게 됩니다. 학교에서만 배우는 것은 아니니까요. 그런데 열심히 무언가를 주도하면서 잘 배우던 아이가 갑자기 모든 의욕을 잃고 배우지 않으려고 하는 순간이 찾아오기도 합니다. 이럴 때 부모는 크게 당황하게 되죠. 문제점이 무엇인지 몰라서 그렇습니다. 문제는 여기에 있습니다. 아이가 배우기만 하고, 성장하는 기쁨을 느끼지 못했기 때문이죠.

성장의 기쁨은 배움의 과정 중간중간에서 마치 휴식과도 같은 존재입니다. 쉬지 않고 평생을 배우기만 할 수는 없지요. 아이들 삶에 '공부의 번아웃 증후군'이 찾아오지 않게 하려면, 아이가 공부하는 시간을 빛낼 수 있는 말을 자주 들려주는 게 좋습니다.

1. 시도의 말

"괜찮아, 한번 더 해볼래?"

"더 시도해도 충분히 좋을 것 같아."

공부는 결국 끊임없는 시도입니다. 망설이지 않고 반복해서 시도할 수 있게 이런 식의 말을 자주 들려주세요.

2. 다양성의 말

"그것도 좋아, 다른 방식으로 접근했구나."

"그런 방법도 있었네, 훌륭한데!"

다양성을 인정받으면서 아이는 성취감을 느끼게 됩니다. 아이가 발견한 것을 존중하는 마음으로 다가서면 됩니다.

3. 인정의 말

"와, 지금 말한 표현 정말 멋지다."

"우리 아이 실력이 벌써 그 정도까지 됐구나."

성장의 기쁨은 인정을 받을 때 가장 크게 증폭됩니다. 그 대상이 가장 사랑하는 부모라면 효과는 더욱 커질 겁니다.

"멋져, 네가 말한 건 언제나 현실이 되네."

"엄마 입장에서는 그 정도면 충분히 만족해."

아이가 공부하는 이유는 물론 아이 자신을 위해서입니다. 하지만 아이들에게 자신의 만족은 결코, 자신에게만 있지 않습니다. 부모의 만족 역시 매우 중요한 역할을 하죠. 그 사실을 꼭 기억해 주세요.

5. 자극의 말

"그런 근사한 생각은 어디에서 배웠어?"

"이번에 보여 준 거 정말 대단했어!"

생각을 자극하는 일은 매우 중요해요. 자신의 생각이 요구하는 것을 배우지 않으면, 타인이 이끈 배움의 늪에 빠지기 때문입니다. 아이가 스스로 생각할 수 있게 늘 적절히 자극해 주세요.

6. 변화의 말

"이번에는 지난번보다 더 잘했네."

"이제 책 읽는 소리도 예전보다 우렁차네."

공부를 하면서 느낄 수 있는 성취감과 기쁨은 모두 변화에 있습니다. 아이는 스스로 자신이 더 나은 모습으로 변화했다는 점에서 기쁨을 느낍니다. 다른 아이가 아닌, 어제 혹은 과거의 아이 모습과의 비교를 통해 현재의 모습을 말로 표현해 주세요.

7. 책임의 말

"좋아, 이번에도 너한테 모두 맡길게."

"네가 다 했다면 다 한 거지, 언제나 믿으니까."

공부의 궁극적인 목적은 독립입니다. 독립하기 위해서는 자신의 삶에 책임을 질 수 있어야 하죠. 아이가 책임감을 갖고 살 수 있도록 일상의 작은 것부터 믿고 맡기는 게 좋습니다.

위에 소개한 7가지 말을 처음에는 암기하듯 내면에 담는 게 좋습니다. 입에 익숙하지 않아서 제때 나오지 않을 가능성이 커서 그렇습니다. 아이가 공부하는 시간을 빛내는 것은 책상 위에 놓인 스탠드가 아닌, 정성껏 빚어 만든 부모의 말입니다. 세상에서 가장 아름다운 그 빛을 아이 삶에 가득 비춰 주세요.

아이의 공부와 탐구 지능에
최악의 영향을 미치는 말

"그건 내가 인정한다."

"이번에는 진짜 인정이다."

아이가 무언가를 해낼 때 이런 식으로, '인정'이라는 표현을 자주 사용하게 되죠. "그게 뭐가 어때서?"라고 생각할 수 있어요. 그런데 공부와 탐구 등 배움의 관점에서 보면, "인정한다."는 적절한 표현이 아닙니다.

일상에서 아이에게 어떤 표현을 할 때는 위에서 아래로 흐르는 표현인지, 아래에서 위로 올라가는 표현인지, 그도 아니면 옆으로 흐르는 것인지, 그 표현이 흐르는 과정을 보아야 합니다. 생각해보면 인정은 위에서 아래로 흐릅니다. 높은 직책의 사람이 낮은 직책의 사람에게, 나이가 많은 사람이 나이가 적은 사람에게 혹은 부모가 아이에게 주로 하는 표현입니다. '허락'이나 '수용'의 의미에 가깝기 때문에 배움의 관점에서 보면 아쉬운 표현이죠. 아이가 무언가를 해냈을 때, '인정'이라는 표현을 쓰기보다는 '배움'의 관점에서 나온 말이 좋습니다.

"오늘 네가 보여 준 모습에서 엄마는 끈기가 뭔지 배웠단다."

"결국, 더 멋지게 만들었네. 포기하지 않는 마음이 근사하네."

"작고 사소한 것도 너는 참 소중하게 생각하는구나."

"예전에는 단어를 30번 쓰고 암기하더니, 이제는 20번이면 충분하네. 나날이 발전하는 모습에 내일이 기대된다."

여러분이 평소에 쓰던 표현과 어떤 차이가 느껴지나요? 인정은 그걸로 상황을 끝내는 표현입니다. 성적표에 단순히 서명을 하는 일과 같아요. 아이가 진짜 바라는 것은 서명이 아니고, 자신의 과정에 대한 부모의 관심입니다. 게다가 오랜 고민 끝에 나온 표현도 아니라서, 발전적인 질문과 탐구도 허락하지 않죠. 아이가 만든 무언가에 녹아든 과정과 몰두한 시간의 가치를 전혀 볼 수 없게 됩니다. 모든 시간을 싹 지우는 표현이라고 볼 수 있죠.

하지만 배움의 시각에서 나온 표현을 쓰면 아이 스스로 자신이 얼마나 근사한 시간을 보냈는지 생생하게 체험하게 됩니다. 공부와 탐구 지능의 발달을 위해서는 아이가 투자한 시간과 과정을 빛낼 수 있는 배움의 관점에서 나온 표현을 사용하는 게 좋습니다.

아이 스스로 공부하게 만드는
부모의 말

많은 부모님이 공감하실 겁니다.

"내 아이는 왜 스스로 공부하지 않을까?"

"스스로 하는 건 바라지도 않아. 억지로라도 했으면!"

주변에 온갖 좋다는 방법을 다 사용한 당신, 아이 공부에 조금이라도 효과가 있었나요? 억지로 시키고, 빌면서 시킨 공부가 과연 제대로 된 공부라고 말할 수 있을까요? '억지'가 들어가는 순간 그건 공부가 아니지요. 공부는 '스스로'라는 말만 어울리니까요. 물론 쉬운 과정은 아닙니다. 하지만 뭐든 제대로 알면 쉬워지죠. 스스로 공부하는 아이는 어떻게 만들어지는 걸까요?

답은 가능성을 막지 않는 부모의 말에 있습니다. 부모에게 주어진 일은 아이의 가능성을 확장하는 것이 아니라, 이미 주어진 아이의 가능성을 막지 않는 것에 있습니다. 모든 아이에게는 이미 가능성이 존재합니다.

부모의 이런 식의 표현이 아이의 가능성을 막죠.

"이거랑 저거는 해도 괜찮아."

"저건 절대 하지 마."

"이게 좋은 거고, 저건 나쁜 거야."

각종 물건과 서비스, 태도와 직업까지 스스로 결정한 것을 아이에게 통보하듯 말하죠. 그런 나날이 반복되면 어떻게 될까요? 아이는 사물에 대한 흥미를 모두 잃게 됩니다. 다시 말해서 아무것도 알고 싶지 않은 거죠. 공부는 세상에 대한 흥미에서 시작합니다. 그걸 잃었으니 스스로 공부할 의지를 가질 수 없게 되겠죠.

시간을 두고 차분히 세상을 관찰하게 두면 아이는 무엇이 가능하고 무엇이 불가능한지, 또 무엇이 좋고 무엇이 자신에게 안 좋은지, 스스로 구분하고 지혜롭게 알아낼 것입니다. 스스로 알아내야 스스로 공부하게 되지요. 모든 것은 그렇게 하나로 연결되어 있습니다. 그게 되지 않으니 성인이 된 어른들 역시 식당에서 자신이 먹을 메뉴 하나도 정하지 못해서, "너는 뭐 먹을래? 나도 그거 먹어야겠다."라며 자신이 먹을 메뉴의 선택까지 남에게 의지하게 되는 것이죠.

이렇게 바꿔서 말해 주세요.

"너에게 좋다는 건 어떤 기준에서 나오니? 그 기준에 잘 맞는 게 뭐야? 그럼 어떤 게 너에게 맞고 어떤 게 안 맞니?"

빠르게 대상을 구분하고 나누려고 하지 말아요. 먼저 아이만의 기준이 무엇인지 묻고, 충분히 생각할 수 있게 조심스럽게 격려하면 됩니다. 그리고 대상을 좋은 것과 나쁜 것으로 나누지 않고, 맞는 것과 안 맞는 것으로 나눌 수 있게 해 주세요. 그래야만 자신의 기준으로 판단할 수 있답니다.

늘 스스로 공부하는 아이로 만들 질문을 일상에서 끝없이 창조해서 제공하고 싶다면, 이런 질문을 자신에게 던져 보세요.

"아이의 가능성에 한계를 긋는 건 아닐까?"

"내 생각만이 정답이라고 주장하는 건 아닐까?"

"아이에게 차분히 생각할 시간을 주고 있는 걸까?"

부모가 아이가 가진 가능성을 막지 않으면, 아이는 결국 스스로 자신의 길을 걸어갈 겁니다.

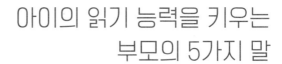

아이의 읽기 능력을 키우는
부모의 5가지 말

아이의 읽기 능력을 키우려면 부모가 최대한 희망과 가능성이 가득 녹아 있는 말을 통해 다가가는 게 좋습니다. 아이가 좋아하는 대상을 통해 비유하고, 과도한 요구를 자제하며 동시에 읽기의 가치를 제대로 전할 수 있는 부모의 5가지 말을 소개합니다. 이미 수많은 가정에서 그 효과를 본 말이니, 스스로 믿음을 갖고 아이에게 나누어 주세요.

1.

글이 너무 길면 나눠서 읽자.
케이크를 위장의 크기에 맞게
잘라서 즐기는 것처럼,

글도 내면의 크기에 맞게 잘라서 읽으면 되지.

2.

하루에 한 줄만 읽어도 충분해.
단순하게 많이 읽는 건 정말 하나도 중요하지 않아.
하루에 한 줄만 읽어 보자.
다만 한 줄을 백 번 생각해 보는 거야.

3.

멈춰서 오래오래 생각하자.
바다가 깊은 이유는 뭐라고 생각하니?
그 자리에 오랫동안 머물러서,
계속 아래로 아래로 내려갔기 때문이지.
생각은 어떻게 깊어질까?
맞아, 멈춰서 생각을 시작하면 깊어지지.

4.

한 사람은 한 권의 책이란다.
사람은 태어나면서부터 무언가를 읽지.
책이 아니더라도 자연과 그림 그리고 사람들,
그 모든 것을 읽으며 살아가니까.
책만 읽는 것은 아주 조금 읽는 거야.

가장 중요한 건 사람의 마음을 읽는 능력이란다.

5.

마지막에는,

자기 마음을 읽는

근사한 사람이 되어야 한다.

독서의 참된 기쁨은 바로 자신에 대해서

잘 알게 된다는 사실에 있지.

세상에서 가장 아름다운 기쁨은 뭘까?

자신과 함께 있을 때가 가장 행복한 삶 아닐까.

내가 나를 안아 줄 수 있을 때,

우리는 '사랑'이라는

가장 근사한 문장을 읽을 수 있단다.

학교에서 돌아온 아이에게
묻지 말아야 할 3가지 질문

아이에게 학교는 매우 중요한 공간입니다. 친구를 사귀고 새로운 것을 배우며 하루 중 대부분의 시간을 머무는 곳이기 때문입니다. 그런 중요한 곳에 갔다가 돌아온 아이에게 여러분은 지금까지 어떤 질문을 하셨나요? 학교에서 돌아온 아이에게 묻지 말아야 할 대표적인 3가지 질문을 전합니다.

1. 오늘 뭐 배웠어?

이 책의 앞에서도 언급한 나쁜 질문입니다. 가장 먼저 나오게 되는 질문이죠. 이 질문을 반복해서 듣게 되면 아이는 이런 생각을 하게 됩니다.

"오늘은 또 뭘 배웠다고 말해야 하나?"

"왜 자꾸 그런 질문을 하는 거야!"

물론 공부에 대한 질문은 필요합니다. 대신 이런 질문을 하면 좋아요.

"오늘은 어떤 수업이 가장 즐거웠니?"

"무엇이 네 흥미를 사로잡았어?"

수업 때 아이가 멈췄던 순간을 떠올리게 하면, 학교와 공부를 '흥미'와 '즐거움'에 연결해서 생각하게 합니다.

2. 선생님 말씀 잘 들었어?

이것 역시 부모의 대표적인 질문 중 하나입니다. 하지만 이런 질문을 통해 아이는 수업 시간을 이렇게 생각하게 됩니다.

"수업은 가만히 앉아서 듣는 거야."

"공부는 누군가 알려 주는 거야."

아이가 왜 발표를 하지 않고, 스스로 주도해서 공부하지 않을까요? 잘 들으라는 것만 강조해서 그렇습니다. 이 질문은 이렇게 바꾸면 좋아요.

"선생님 말씀 중에 뭐가 가장 기억나니?"

"그게 기억에 남았던 이유는 뭐야?"

"거기에 대한 네 생각은 뭘까?"

이런 3단계 질문을 통해 아이는 학교에서 배운 지식을 자기 것으로 만들고, 스스로 자기 생각에 확신하므로 공부를 주도하며 질문하는 아이로 성장하게 됩니다.

3. 친구들이랑 싸우지 않고 잘 지냈지?

이 질문 역시 물론 의미는 좋습니다. 하지만 '잘 지내는 것'에 중점을 두면 다양한 부작용이 생길 가능성이 큽니다. 잘 지내기 위해서, 친구들 의견에 무조건 동조하며 지내고, 자기 생각을 드러내지 않으며, 속으로 상처를 입게 되는 삶을 살게 되죠. 이 질문은 이렇게 바꾸면 좋아요.

"오늘은 친구들이랑 무슨 이야기를 나눴니?"

'잘 지내는 것'에서 벗어나 '이야기를 나누는 것'으로 질문의 중심을 아이 쪽으로 바꾸는 거죠. 그럼 아이는 신이 나서 자기 생각을 말할 테고, 나중에는 자기 생각이 확실한 사람으로 성장해서 분명한 삶의 철학을 가지게 됩니다. 늘 질문의 중심에 아이가 있어야 합니다.

3가지 질문을 보면서 어떤 생각이 드셨나요? 그 질문을 한다고 나쁘다는 것이 아닙니다. 단지 앞서 언급한 것처럼 더 좋은 질문이 있다는 말이죠. 부모의 질문이 아이에게 미치는 영향은 실로 거대합니다. 학교에서 돌아온 아이에게는 더욱 많은 영향을 미치지요. 그 무게를 느끼셨다면 앞으로 더 근사한 질문을 하실 수 있을 겁니다.

공부 지능이 200% 발휘되는
부모의 질문

이번에는 부모와 아이가 운동장에서 아이들이 축구하는 모습을 함께 지켜보고 있다고 생각해 보죠. 두 사람이 나누는 대화를 통해 불가능을 뛰어넘게 만드는 부모의 질문이 과연 무엇을 의미하며, 또 그렇게 하려면 어떻게 해야 하는지 자세한 방법을 알아보겠습니다.

1. 불가능으로 가는 과정

시작이 중요합니다. 부모님이 "저 아이는 달리기가 느려서 골을 넣을 수 없겠지?"라고 질문하면, 아이의 선택은 불가능이라는 지점에 도착할 수밖에 없습니다.

"느린 사람은 골을 넣기 힘들지."

불가능이 꼭 나쁜 건 아닙니다. 불가능의 이유를 제대로 설명할 수 있다면, 오히려 다음 생각으로 이동할 수 있죠.

2. 불가능에서 가능으로 이동하는 과정

이번에는 "그래도 저 아이가 골을 넣으려면 지금 어떻게 하는 게 좋을까?"라는 질문으로, 아이가 불가능한 상황에서 가능성을 찾을 수 있게 해 주세요. 이 질문을 통해 아이는 마치 감독이나 뛰는 선수가 된 것처럼 몰입해서 "달리기는 느리지만 체구가 작고 몸이 민첩하니 빠르게 움직여 슈팅을 할 수 있겠다.", "빈자리에 패스를 해서 다른 친구가 득점할 수 있게 도울 수 있겠다!"라는 생각을 할 수 있을 테니까요.

3. 가능으로 가는 과정

이 마지막 질문으로 불가능에서 시작해서 가능성을 발견하는 과정이 마무리됩니다.

"너라면 어떻게 할 것 같아?"

이런 질문으로 현재 뛰는 아이가 아닌, 자기만의 방법을 찾게 만드는 것입니다.

"축구에서는 달리기가 빠른 사람이 할 수 있는 기술이 있고, 달리기는 느리지만 행동이 재빠른 사람이 할 수 있는 기술이 따로 있으니까, 나라면 패스와 드리블 기술을 배워서 친구들이 쉽게 골을 넣게 돕는 역할을 할 것 같아."

이런 식으로 가능성을 바라보며 생각하게 하는 거죠. 불가능한 상황에서 할 수 있는 방법을 생각하고 배우면서, 아이는 세상을 바라보는 방법을 또 하나 배웁니다. 살아 있는 진짜 공부를 하는 거죠.

일상에서 아래와 같은 3단계 질문을 통해 쉽게 실천할 수 있습니다.

1. 이유를 묻자.

함께 무언가를 공유하는 상황이나, 눈앞에 있는 장면에 대해서 늘 아이에게 질문하는 일상이 중요합니다.

"저건 왜 저럴까?"

"저렇게 된 이유가 뭐라고 생각해?"

그렇게 나온 아이의 답이 대단하지 않게 생각되더라도 반갑게 호응하며 계속 생각을 자극해야 합니다.

2. 방법을 찾자.

공부는 결국 새로운 방법을 찾는 행위입니다. 일상의 질문을 통해서 그 가치와 과정을 알려 주는 거죠. 이런 식으로 질문하면 좋습니다.

"너라면 어떻게 할 것 같아?"

"저 사람의 선택은 뭘까?"

다소 비상식적인 답변이 나와도 뭐라고 하지 마시고, 의견 그대로 존중해 주세요.

3. 경험을 남기자.

모든 배움은 실천으로 끝내야 합니다. 이유를 묻고 방법을 찾았다면, 이제 일상에서 어떻게 실천해야 할지 그 과정을 생각할 수 있는 질문을 해 주세요.

"그 방식을 너의 삶에서 실천하려면 어떻게 해야 할까?"

"그걸 어떻게 하면 매일 할 수 있을까?"

대단한 무언가를 실천할 필요는 없습니다. 사소하고 쉬운 거라도 일단 스스로 배운 것을 실천하는 삶에 가치가 있습니다.

이렇게 우리는 사소하다고 생각한 장면이나 상황에서도 뭐든 배울 수 있습니다. 부모가 대화에서 질문을 통해 아이의 생각을 적절히 자극하고 이끌 수 있다면 어디든 그곳을 최고의 교실로 만들 수 있답니다.

'안'과 '못'의 표현이 가져오는
아이의 변화

"너 왜 숙제 '안' 했어?"

이걸 질문이라고 볼 수 있을까요? 물음표는 있지만 질문이라고 보기 힘듭니다. 이 질문에는 이런 부모의 마음이 녹아 있기 때문이지요.

"넌 숙제를 '안' 했어. 그러니까 이제 혼나야지."

"넌 숙제를 '안' 한 나쁜 어린이야. 곧 혼날 준비를 하는 게 좋을 거야."

아이도 바보가 아니죠. 그 말을 들으며 이런 생각을 하게 됩니다.

"어떻게 해야 덜 혼날 수 있지."

"아, 짜증 나! 또 이러네."

생각이라고 부르기도 힘든 부정적인 것들입니다. 아이가 이렇게 생각하는 이유는 뭘까요? 왜 아무리 혼나도 아이가 말을 듣지 않는 걸까요? 그 이유는 모두 '안'이라는 표현 속에 있습니다. '안'은 자신의 실수를 돌아보며 생각하는 시간을 갖지 못하게 만드는, 대표적으로 생각을 억압하는 표현 중 하나이기 때문입니다.

이제 '안'을 '못'으로 바꿔 볼까요? '안'을 '못'으로만 바꿔도 아이의 모든 생각은 기적처럼 바뀐답니다.

"너 왜 숙제 '못'했니?"

그럼 아이는 이런 생각을 하게 되죠.

"내가 숙제를 못한 이유는 뭘까?"

"아, 어제 너무 많이 놀았구나."

"이제는 좀 덜 놀고 공부를 해야겠다."

자연스럽게 자신의 과거를 돌아보며 왜 실수를 했는지 생각하며 반성을 하게 되지요. 이 기적과도 같은 변화는 모두 '안'을 '못'으로 바꿔서 이뤄낸 것입니다.

모든 질문이 아름다운 것은 아닙니다. 물음표가 있다고 모두 질문인 것도 아니지요. 아이 스스로 생각하게 만드는 질문도 있지만, 반대로 아이의 생각을 막는 질문도 있으니까요.

부모가 스스로 일상에서 사용하는 모든 표현에서 '안'을 빼고 '못'을 넣어서 대화를 시작하면 그것 자체로 아이에게는 큰 변화의 시작일 겁니다. 지금부터 그 가치를 확인해 보세요.

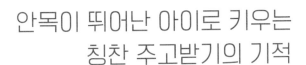

안목이 뛰어난 아이로 키우는
칭찬 주고받기의 기적

각종 SNS, 직장, 관계 등 삶의 다양한 부분에서 나쁜 것 혹은 부정적인 것은 구분하기 쉬워서 누구나 쉽게 발견할 수 있습니다. 실제로 많은 사람이 지금도 타인의 장점보다는 단점을 발견하고, 존경하기보다는 낮추고 경멸하며, 불만과 마음에 들지 않는 부분만 꺼냅니다.

반대로 극소수의 사람들은 불만이 아닌 감동한 부분에 대한 감사의 마음을 전합니다.

이처럼 좋은 부분은 발견하기 매우 어렵습니다. 그건 눈만 있다고 볼 수 있는 것이 아니기 때문이죠. 모두가 최악의 순간에 있지만, 모두가 최악의 것을 바라보는 것은 아닙니다. 같은 곳에서도 분명 빛을 발하는 사람은 있으니까요.

좋은 비판은 물론 서로를 위해 좋은 것입니다. 하지만 감동하고 고마운 부분에 대해 언급하는 것이 서로를 위해 더욱 좋은 현명한 사람들이 할 수 있는 일입니다. 그건 자신의 높은 수준을 보여 주는 일이기도 하니까요.

아이도 부모와 칭찬을 주고받으며 상대의 장점을 발견하는 안목을 스스로 키우게 됩니다. 계속해서 누군가의 장점을 발견하는 것은 생각보다 어려운 일이죠. 그래서 아이는 최대한 섬세하게 관찰하며 좋은 부분을 보려는 노력을 멈추지 않습니다. 누군가의 장점을 발견하기 위해 애를 쓰는 마음이죠. 이 얼마나 근사한 모습인가요.

처음에는 익숙하지 않아서 쉽지 않을 겁니다. "에이, 너무 억지스러워서 싫어요."라고 말할 수도 있고, "굳이 그걸 해야 하나요?"라며 싫어할 수도 있죠. 천천히 시작하시면 됩니다. 아이와 함께 보낼 수 있는 시간은 아직 많이 남아 있으니까요.

부모가 먼저 이런 식의 말로 아이를 칭찬하기 시작하면 아이도 익숙해지면서 누군가의 장점을 보며 칭찬하게 될 겁니다. 일상에서 만나는 곳곳에서 이런 이야기를 들려주세요.

"오늘 가방이랑 옷이 근사하네."

"방금 그 표현 정말 멋진데."

"목소리가 피아노 소리처럼 예쁘다."

"근육이 많아서 운동도 잘하겠네."

"손가락도 참 가늘고 예쁘네."

이런 시선으로 주변을 보게 되면, 아이에게 정말 많은 장점이 있었다는 사실도 깨닫게 될 겁니다. 부모에게도 아이에게도 서로의 장점을 알아가는 좋은 기회가 되는 거죠. 끝으로 이 말을 함께 필사하는 것도 좋습니다.

"인간은 스스로 이해하는 것 이상에 감동하거나 칭찬할 수 없습니다. 내가 칭찬하는 수준이 곧 내가 가진 안목의 수준입니다. 더 많은 것을 이해하고 더 가치 있는 것을 내면에 담을 수 있을 때, 내가 칭찬할 수 있는 대상도 더 많아지고 높은 수준에 도달하게 됩니다."

아이의 가능성을 지우는 부모의 말

하루는 초등학교 저학년 정도로 보이는 한 아이가 열차 대기실에서 혼자 놀고 있었습니다. 그런데 갑작스럽게 아이가 장난감을 갖고 놀다가 주변 사람들에게 영향을 미칠 정도로 큰 소리를 냈습니다. 그러자 아이의 엄마는 가벼운 미소를 지으며 주의를 줬고, 아빠는 아이에게 다가가 큰 소리를 내지 않고 놀 수 있게 차분하게 배려하며 알려 주었습니다.

그 모습이 마치 하나의 예술 작품을 감상할 때처럼 아름다웠고 고요했으며 빛나서 한참을 바라보았죠. 다가가서 살펴보니, 아이와 부모의 대화는 이런 식으로 이어지고 있었습니다.

"혼자서도 즐겁게 노는 모습이 참 멋지네."

"그런데 다른 사람도 좀 배려해 줄 수 있겠니?"

"아빠랑 같이 조용히 노는 방법을 연구해 볼까?"

"그래 맞아, 네 의견에 나도 공감한단다."

부모의 말에서는 어떤 비난과 억압의 표현이 없었으며, 분노가 섞인 큰 소리도 없었습니다. 그들은 가벼운 미소와 몇 마디의 말을 통해서 조용히 아이의 행동이 선을 넘지 않을 수 있게 만들었지요. 덕분에 부모와 아이 사이에서는 어떤 과격한 행동과 말도 나타나지 않았던 겁니다. 아주 오랫동안 서로에게 귀한 말만 들려주며 살았다는 것이 그대로 느껴졌습니다.

이처럼 부모의 말은 아이의 삶에 매우 큰 영향을 미칩니다. 부모의 권위와 기품이 그대로 아이에게 전해지기 때문이죠. 처음부터 보채는 아이와 고집이 센 아이는 없습니다. 또한, 처음부터 부모의 말을 듣지 않는 아이도 없죠. 말로 아이의 삶에 변화를 주고 싶다면, 이런 식의 표현은 좋지 않습니다.

"사내아이들이라 어쩔 수가 없는 것 같아요."

"여자아이들이 뭐 다 그렇죠."

"요즘 아이들이 다 그러니 그냥 넘어가요."

"사춘기가 되면 다들 그렇게 된다고 하네요."

"원래 그래요."

"다들 그렇죠."

이런 식의 표현은 아예 머릿속에서 삭제하는 게 좋습니다. 아이를 위해 가장 적절한 말을 생각하는 과정 자체의 의미를 지우기 때문입니다.

아이의 모든 현재에는 분명한 이유가 있고, 그것들은 대부분 부모의 말에서 시작된 것이라는 생각에서 출발해야 합니다. 아이의 삶에서 출발해야 아이 삶에 좋은 영향을 줄 수 있으니까요.

앞서 소개한 부모가 아이의 행동과 태도를 최소한의 말과 행동으로 수정하고 좋은 방향으로 이끌 수 있었던 힘은 어디에 있었을까요? "원래 그래요.", "다들 그렇죠."라는 변화의 가능성을 지우는 말을 사용하지 않았기 때문입니다. 아이의 변화 가능성을 믿고 다가갔기 때문에 부모는 더욱 자신의 말에 힘을 실어서 전할 수 있었고, 듣는 아이 역시 믿고 따를 수 있었지요.

아이를 공부의 세계로 이끌어 주는 6가지 부모의 말

간혹 주변에서 이런 아이들을 보게 됩니다. 고마운 마음과 미안한 마음을 모르는 아이, 지나치게 감정적이라 접근할 수 없는 아이, 겸손을 모르고 자기만 옳다고 외치는 아이. 이런 아이들의 공통점이 뭘까요? 바로 "누군가에게 도움을 주려는 마음이 없다."라는 것이죠.

친구나 주변 사람들에게 도움을 주려는 마음은 아이의 삶에서 매우 중요한 역할을 합니다. 그런 마음을 가지려면 일단 아이가 소중히 여기는 사람이 있어야 하기 때문이죠. 자기만 알거나, 고마운 마음을 느끼지 못하는 아이들에게는 주변에 그런 사람이 없을 가능성이 큽니다.

또한, 도움을 주려는 마음은 공부하는 자세와 결과와 연결이 됩니다. 그 마음을 갖고 있어야 공부의 세계로 들어가서 배움을 멈추지 않을 수 있으며, 가장 순수한 마음으로 진리를 추구할 수 있기 때문입니다. 마음이 못된 사람은 서로를 미워하며, 뛰어난 사람을 더욱 심각하게 비난하기 때문에 진실한 공부를 하기 어렵죠.

배우려는 사람은 자신보다 뛰어난 사람과 그렇지 않은 사람을 모두 존경하며 관찰해야 합니다. 그래야만 아이는 처음에 언급한 고마운 마음을 모르고 지나치게 감정적이며, 자기만 옳다고 외치는 삶에서 벗어나게 됩니다.

이렇게 소중한 사람에게 도움을 주고 싶다는 마음은 공부를 비롯해 아이 삶의 다양한 부분과 연결되어 있습니다. 그래서 더욱 이 사실이 중요합니다.

"모든 사람은 자신과 닮은 것을 좋아합니다."

이것은 이렇게도 표현할 수 있습니다.

"사람은 자기 수준 안에서만 세상을 이해합니다."

공부는 귀중한 경험과 지혜를 축적하는 훌륭한 지적 수단입니다. 그래서 언제나 중요한 것은 소중한 사람들에게 도움을 주겠다는 마음을 갖는 것이죠.

다음에 소개하는 6가지 말을 아이와의 대화 속에서 적절하게 활용해 주세요.

1.

누구도 혼자서는 지혜를 구할 수 없지.

늘 도움을 주겠다는 마음이 필요하단다.

2.

세상은 스스로 달라지거나 변하지 않아.
우리가 공부한 만큼 다르게 보일 뿐이지.

3.

우리는 유일한 진리를 발견한 것이 아니라,
단지 하나의 사실을 발견한 거야.

4.

가장 아름다운 지식과 공부는
더 많은 사람들에게 이로운 것이란다.

5.

모든 사람은 자신이 공부한 세계 안에서
세상과 사람을 관찰하고 판단할 수 있지.

6.

멋진 그림도 제대로 감상하지 못하면 빛을 잃듯,
위대한 지식도 제대로 이해해야만 나의 빛이 된단다.

마지막으로, 수많은 지성인들을 공부의 세계로 이끈 테레사 수
녀가 남긴 소중한 말을 아이와 함께 낭독하고 필사해 주세요.

"당신 주위에는 그런 사람이 없다고 말할 수 있나요? 그 누구도 나를 필요로 하지 않는다고 생각하는 외로운 사람이, 부모와 더 이야기하고 싶어 하는 안타까운 아이가, 자식과 더 이야기하고 싶어 하는 고뇌하는 부모가 없나요?"

그녀는 공부의 본질을 가장 잘 알고 있는 사람이었습니다. 공부는 소중한 사람들에게 도움을 주려는 마음을 가져야 비로소 시작할 수 있는 지적 행위라는 사실을 알고 있었으니까요. 위에 나열한 6가지 말로 아이만의 공부의 세계를 열어 주세요.

생각하는 아이로 키우는
부모의 말

누구나 아이를 키우다 보면 이런 경험을 자주 반복하게 됩니다. 장난감 가게 앞에서 자신이 원하는 것을 사 주지 않으면 떠나지 않겠다고 애원하는 아이의 얼굴을 마주하는 일이 바로 그것이죠. 아무리 사정을 하고 온갖 방법으로 설득해도 아이는 말을 듣지 않고 가게 이곳저곳을 뛰어다니거나 급기야는 바닥에 드러누워 시위를 합니다. 한마디로 진상의 끝을 온몸으로 보여 주는 겁니다. 그럴 때 무작정 혼을 내거나 주변 사람을 의식한 언어를 구사하는 것은 좋지 않습니다.

"너, 집에 가면 진짜 혼날 줄 알아!"

"오늘만 그냥 좀 가면 안 될까? 다음 주에 꼭 사 줄게."

"사람들이 다 너 쳐다보고 있잖아. 아저씨가 이놈 하네!"

객관적으로 생각할 때 충분히 좋다고 생각한 이런 방법들이 모두 늘 실패로 돌아가는 이유는 뭘까요? 이유는 간단합니다. 아이의 현재 상태를 알면 저절로 이해하게 됩니다. 지금 아이는 '사고 싶다'라는 말의 유혹에 넘어간 상태이기 때문에 '생각하는 인간'이 아닙니다. 장난감을 꼭 사야 한다는 욕망이 아이를 움직이고 있기 때문이죠. 그럴 때는 먼저 아이의 그런 상태를 이해하는 언어를 통해 다가가야 합니다.

"네가 저 장난감을 얼마나 갖고 싶어 하는지 잘 알아. 하지만 오늘은 당장 장난감을 살 돈이 없단다."

그런 다음의 행동이 중요합니다. 충분히 '설명'을 했다면 그걸로 끝내고 돌아서야 합니다. 굳이 '설득'을 하려고 쓸데없는 질문과 대답을 반복하면 아이는 다시 처음으로 돌아가 욕망이 이끄는 소리만 반복할 거예요. 욕망은 자신을 가진 사람을 생각하지 못하게 만들기 때문입니다.

이후에는 집에 가는 길에서나 집에 도착해서 이런 식의 대화로 욕망의 늪에서 아직 벗어나지 못한 아이가 스스로 생각할 수 있게 만들어야 합니다.

"정말 갖고 싶다면 네 용돈을 모아서 사면 되지."

"원하는 것을 갖고 싶다면, 어떻게 해야 할까?"

"용돈을 어떻게 절약하면 장난감을 살 수 있을까?"

이런 방식으로 아이가 자꾸 생각하게 만들어야 합니다. 그래야 아이를 정복한 욕망의 기운을 뺄 수 있습니다.

또한, 바로 대답하지 않는다고 화를 내지 말아야 합니다. 아이의 뇌는 아직 미성숙하기 때문에 욕망에 사로잡혀 있다가 쉽게 생각의 뇌로 이동하지 못합니다. 부모를 무시하는 것도 분노가 치밀어 오른 것도 아니니, 충분히 생각할 수 있게 기다리면 됩니다.

"너, 내가 열을 셀 거야. 그때까지 대답해!"라는 강압적인 접근이 아닌, "네가 생각하는 데 시간이 얼마나 필요하니? 충분히 기다릴 수 있으니 생각하렴."이라는 인격을 존중하는 마음에서 나온 접근을 해야 생각하게 만들 수 있습니다.

배운 지식을 다양한 분야로
확장하는 3가지 질문법

참 힘든 문제가 하나 있어요. 초등학교 고학년이 되면 많은 아이들이 이런 선택의 기로에 놓이고, 대부분 비슷한 선택을 하게 됩니다. 바로 '피아노와 태권도 등 예체능 관련 학원을 그만두고 영어나 수학 등의 학원에 집중하는 것'이 그것입니다. 주변에서 이런 이야기가 들리면 아무리 주관이 뚜렷한 부모라도 흔들리는 자신을 제어하기 힘들죠.

"설마 아직도 태권도 학원에 아이를 보내세요?"

"지금 다들 영어를 조금이라도 더 하려고 난리인데!"

"나중에 후회하지 말고 피아노 그만두세요."

그동안 배운 피아노 연주 실력이 아깝지만, 결국 부모의 선택은 공부와 직접적인 관련이 있는 방향으로 흐를 확률이 높습니다. 누군가가 뭐라고 할 수 없는 부분이기도 하죠. 기초 학문을 배우는 데 더 집중하는 것도 그 자체로 의미 있고 중요한 일이기도 하니까요. 하지만 이때 부모의 언어는 다음과 같이 공부만 강조하는 표현을 자제할 필요가 있습니다.

"다른 건 다 필요 없어. 공부나 열심히 해!"

공부만을 위해 공부를 하는 아이에게는 미래가 없습니다. 공부가 전부가 아닌 것만은 확실하니까요. 그리고 아이가 예체능을 원한다면 아이에게 기초 학문이 왜 중요한지도 알려 주세요. 예체능을 통해 창의력을 키우려면 먼저 최소한의 지식이 필요하다는 것을 깨닫게 하는 거죠. 그렇게 쌓은 지식을 통해 우리 아이들은 피아노와 태권도를 하면서도 전혀 다른 영역에 대한 깨달음을 스스로 배울 수 있게 됩니다. 어떻게 피아노 건반이 투명한 소리를 내는지 짐작할 수 있고, 과학적 지식을 통해 태권도 자세에 담긴 비밀을 스스로 알게 되죠. 이것이 바로 공부를 시작하는 이유이기도 합니다.

무엇보다 배우고 나서 아이는 이전과 달라져야 합니다. 배운 지식의 눈으로 피아노를 연주하고 태권도를 해야 하지요. 그런 삶은 그냥 만들어지는 것이 아닙니다. 부모의 언어가 바뀌어야 합니다. "다른 건 다 필요 없어. 공부나 열심히 해!"라는 말을 이렇게 바꿀 수 있다면 아이의 공부는 이전보다 아름답게 생산적으로 바뀌게 될 겁니다.

첫 번째 질문

지금 알게 된 지식을 어디에 적용할 수 있을까?

두 번째 질문

여기에 다른 의미가 또 뭐가 있을까?

세 번째 질문

이걸 배우는 이유는 뭘까?

공부를 통해 아이는 그 지식은 알게 되었지만, 두 번째, 세 번째 질문에 대한 답은 여전히 모르는 상태입니다. 다시 말하면 '무엇이 배울 가치가 있는 지식인가?', '배워서 어떻게 활용할 것인가?'라는 질문에 답하는 것입니다.

아무리 많은 사람이 다양한 곳에서 교육을 받아도 모두에게 성장이라는 선물이 주어지는 것은 아닙니다. 가장 중요한 두 가지는 스스로 깨달아야 하기 때문이죠. 이때 위에 제시한 3가지 질문이 아이에게 답을 찾아줄 수 있답니다.

4장

자기주도성을
높이는 대화

익숙한 것에서 벗어나
도전을 즐기게 만드는 부모의 말

겉으로 볼 때 아이들은 도전을 즐기는 것처럼 보이지만, 사실 많은 아이들이 낯선 것들에 다가갈 용기를 쉽게 내지 못합니다. 두려운 마음이 커서 처음 보는 음식을 먹지 않고, 낯선 곳으로 가려고 하지 않고, 힘들어 보이는 것은 시도조차 하지 않지요. 그럴 때 부모의 마음은 이렇습니다.

"즐거운 마음으로 새로운 일에 도전하면 얼마나 좋을까?"

"도전이나 시작을 저렇게 망설이면 나중에 뭔가를 이루기 어려울 것 같은데."

그럴 때는 다음 5단계를 통해 사용하는 언어를 바꾸어 아이 스스로 도전을 즐길 수 있게 만들 수 있습니다. 사용하는 단어만 살짝 바꾸면 되니 당장 시작해 보세요.

1. 도전에 대한 긍정적인 이미지 심어 주기

다음의 글을 아이가 낭독하거나 필사하게 해 주면 좋습니다.

"나는 뭐든 할 수 있는 사람이다."

"하고 싶으면 일단 시작해 보자."

"시작하는 사람이 결국 도착한다."

처음에는 너무 많은 욕심을 내지 않는 게 좋습니다. 도전에 대한 긍정적인 이미지만 남기면 된다고 생각하세요.

2. 긍정적인 이미지에 익숙해지도록 기다리기

긍정적인 이미지가 아이 삶에 자리잡힐 동안 편안한 마음으로 기다려 주세요. 지금까지 그렇게 살지 않았으니 변화에도 어느 정도의 기간이 필요합니다. 된다는 생각으로 기다리면서 아이에게 믿음을 주세요. 때론 기다림 자체가 아이에게 믿음으로 느껴질 수도 있답니다.

3. 부모가 자주 도전하는 모습을 보여 주기

부모가 아이에게 "넌 할 수 있어."라고 말로만 하고 정작 자기 삶에서는 익숙한 틀에서 벗어나려고 하지 않는다면 아이는 도전의 가치를 느낄 수 없을 겁니다. 아이에게서 보고 싶은 모습을 부모가 삶에서 먼저 보여 주세요. 부모의 모습이 아이에게 가장 강력한 변화의 의지로 느낄 수 있도록 말이죠.

4. 도전의 언어를 습관으로 만들기

이 단계에서는 좀 더 분명한 언어가 필요합니다. 다음 글을 낭독하고 필사하게 해 주세요.

"일단 시작하면 뭐든 쉬워지고, 망설이면 괜히 어렵게 느껴진다."

"나는 뭐든 시작하면 스스로 끝낼 수 있다."

이렇게 좀 더 분명하게 시작 이후와 결과까지 상상할 수 있게 해 주세요. 그럼 도전의 언어가 습관이 되어 '도전'이라는 단어에 더 익숙해질 겁니다.

5. 단호하고 강력한 첫 시작

여기까지 왔다면 언제든 시작할 수 있는 단계에 온 것이나 마찬가지입니다. 문제는 첫 시작은 스스로 해내기 매우 어렵다는 사실입니다. 새로운 음식을 입에 넣든, 새로운 학원에 가든, 새로운 환경으로 이동하든, 무엇이든 시작하게 해 주세요.

뭐든 스스로 주도해서 이룬 결과만이 자기 삶에 긍정적으로 쌓입니다. 그런 자기주도성을 기르기 위해서는 새로운 것에 도전하는 태도를 만들어 주는 게 좋습니다. 위에서 설명한 5단계 방식으로 그 삶을 지금 시작해 보시길 바랍니다. 시작하기 이전과 이후로 나눌 만큼 아이 삶이 달라질 겁니다.

행동이 느린 아이를
일깨우는 부모의 말

"빨리 움직이라고 했잖아!"

"너 그러다가 또 지각이야!"

"엄마가 일찍 자라고 몇 번을 말했어!"

"넌 도대체 매번 왜 그렇게 늦니!"

이렇게 말하는 것이 좋은 게 아니라는 사실은, 아이를 키우는 모든 부모가 잘 알고 있습니다. 그럼에도 많은 부모님들이 아이의 행동을 교정한다는 목적으로 이렇게 말하곤 하죠. 이때 꼭 명심해야 할 부분이 하나 있습니다.

"부모의 기분이 아이를 대하는 태도가 되면 안 된다."

아이가 늦지 않기를 바라는 마음과 누군가에게 피해를 주지 않기를 바라는 마음, 그걸 모르는 사람은 세상에 없습니다.

다만 여기에서 중요하게 생각할 부분은, 아이를 대하며 느낀 온 갖 부정적인 기분이 아이를 대하는 태도가 되면 안 된다는 사실입니다. 기분이 태도가 되면 모든 것이 망가집니다. 그것만 주의하면 분노에 휩쓸리지 않고, 가장 적절한 언어를 선택해서 전할 수 있게 됩니다.

다음에 제기하는 3가지 조언을 기억하면 기분이 태도가 되는 악순환에서 자유로울 수 있습니다.

1. 부모는 아이의 잘못과 실수를 참아주는 것이 아니라, 당연하다는 마음으로 기다려야 합니다.
2. 비록 반항을 하더라도 아이를 탓하지 마세요. 가장 적절한 언어로 상황을 풀어나가야 합니다.
3. 부모가 아이를 가르쳐야 하는 순간에 분노하면, 아이는 배우지 못하는 것은 기본이고 시도를 망설이는 아이가 됩니다.

아이의 잘못과 실수를 바라보는 태도를 바꾸면, 앞서 소개한 상황에서 이런 식의 질문과 해결책을 발견할 수 있게 되겠죠.

"어제 늦게까지 잠을 이루지 못했구나?"

"시간을 지키지 않으면 어떤 일이 벌어질까?"

"그럼 너는 어떻게 행동하면 좋을 것 같니?"

"오늘 우리 조금 서둘러서 준비할까?"

맞아요. 기분은 언제나 태도라는 공간을 완전히 차지하려고 합니다. 이때 이 사실을 꼭 기억해야 합니다. 기분이 태도가 되는 순간을 허락하지 않으면 모든 부모는 아이를 위한 가장 적절한 언어를 아이 마음속 깊은 곳에 전할 수 있습니다. 아이도 부모 마음을 이미 다 알고 있고, 부모도 그런 아이 마음을 모두 알고 있으니까요.

스마트폰 사용과 게임 시간을 스스로 제어하는 아이로 키우는 부모의 말

놀랍게도 많은 부모들이 처음에는 아이의 스마트폰 사용을 사소한 문제라고 생각합니다. 하지만 부모의 질문은 결국 시간이 지나면서 이런 푸념으로 바뀌게 됩니다.

"아이들이 스마트폰만 들여다보며 살아요."

"우리 아이 정말 어쩌면 좋죠. 완전히 중독된 것 같아요."

실제로 대부분의 가정에서 이런 고민을 하고 있습니다. 이때 하나 꼭 기억할 게 있습니다. 스마트폰과 게임기를 아이에게서 삭제하는 것은 결코 올바른 방법이 아니라는 사실이죠. 주변에서 얼마든지 구해서 할 수 있으니까요. 더욱이 요즘 세상에서는 스마트 기기가 없으면 어떤 교육도 제대로 하기 어렵습니다. 스마트폰과 공존하면서 대처할 방법을 생각해야 합니다. 스마트 기기를 제외하고 살아가려고 하면 방법이 나오지 않아요.

아이가 어릴 때는 스마트 기기에 대한 노출을 최대한 자제하려고 열심히 노력했지만, 커갈수록 교육을 위해서도 어쩔 수 없이 스마트폰과 태블릿 등을 사용해야 합니다. 어차피 기기를 사용해야한다면 스스로 제어할 수 있어야 좋겠지요.

불시에 스마트폰을 검사하고, 하루 30분 게임 시간을 정하고, 사용할 수 있는 시간을 아무리 제어해도, 상황은 좀처럼 나아지지 않습니다. 부모의 치열한 감시와 통제가 아닌, 스스로의 힘으로 제어할 수 있어야 해결되는 문제입니다. 아이가 이 글을 자주 읽고 필사하게 해 주세요.

"모든 노력은 매우 소중합니다. 최선의 것이 담겨져 있어서 그렇죠. 나는 내가 이룬 모든 것을 존중합니다."

자신이 스스로 이룬 것을 존중하면서, 아이는 스스로 자존감을 높일 수 있습니다. 왜 갑자기 자존감 이야기를 할까요?

자존감이 높은 아이는 그렇지 않은 아이보다 유혹을 더 쉽게 이겨내기 때문입니다. 자존감이 높다는 사실은 결국 자제력이 강하다는 사실을 증명하죠. 부모가 일상에서 이런 말을 하면 안 되겠죠.

"에이 그게 뭐야? 너무 별로다."

"너는 언제쯤 잘할 수 있겠니?"

"네 친구들은 다들 잘하던데."

이런 언어는 아이의 자존감을 떨어지게 합니다. 중독에 빠지게 만드는 최악의 표현이죠. 대신 이런 말을 자주 들려주세요.

"역시, 너라면 해낼 줄 알았지."

"넌 누구보다 소중한 사람이야."

"너처럼 할 수 있는 사람은 너뿐이야."

아이의 결과를 존중하면 자존감이 높아집니다. 늘 핵심을 보려고 하면 좋은 답이 나오기 마련입니다. 아이를 유혹하는 것을 제어하고 치우는 것은 전혀 아이 삶에 도움이 되지 않지요. 그것을 옆에 두면서도 스스로 제어할 수 있어야 앞으로도 아이는 어떤 유혹에도 흔들리지 않고 자신이 뜻하는 삶을 근사하게 펼쳐나갈 수 있습니다.

'하면'을 '해서'로 바꾸면
나타나는 놀라운 변화

아이가 크면 무언가를 원하는 방식의 질문을 할 때 단서를 달게 되는 것을 자주 볼 수 있죠. 버전도 매우 다양합니다.

"두부는 먹을게. 대신 당근은 안 먹으면 안 돼?"

"책 1시간 읽는 대신 게임 10분만 더 하면 안 돼?"

부모 입장에서는 참 애매합니다. 이게 아이에게 안 좋은 영향을 준다는 사실을 알면서도, 공부를 시킬 수 있기도 하고, 잘 먹지 않는 반찬도 먹게 할 수 있으며, 스스로 무언가를 성취하는 기쁨을 줄 수 있다는 생각에 자꾸만 아이가 원하는 대로 거래를 하게 됩니다.

물론 이런 방식이 나쁘다고 말하는 것이 아닙니다. 다만 부모와 아이 사이에서 '단서'를 달고 '요구'를 하는 표현은 아름답지 않습니다. 그게 가장 큰 문제입니다. 단서나 요구가 아닌, 마음이 통하는 언어가 된다면 대화가 더욱 근사해집니다. 불가능한 일은 아닙니다. 표현 하나만 바꿔도 충분히 그런 말을 할 수 있답니다. 방법은 바로 실천할 수 있을 정도로 간단하지요.

"하면"이라는 '단서의 언어'는 모두 지우고, "해서"라는 '마음의 언어'를 사용하면 됩니다. 예를 들면 이렇게 바꾸는 것이죠.

"시험 잘 보'면' 게임기 사 줄게."라는 말을 "해서"라는 표현을 적용해서 "네가 기뻐하는 모습이 엄마도 좋아'서' 선물하는 거야."로 바꿀 수 있죠. '시험 잘 보면'은 '네가 기뻐하는 모습'으로, '사 줄게'는 '선물하는 거야'로 바뀌었죠. 그럼 자연스럽게 욕망과 단서의 굴레에서 벗어나, 마음을 표현할 수 있는 말을 찾아낼 수 있게 됩니다.

다른 예도 한번 들어보겠습니다. 워낙 중요한 표현이니 익숙해지시길 바라는 마음입니다.

먹기 싫은 반찬 먹으면, 밖에서 놀 수 있어요?

→ 네가 처음 보는 반찬도 멋지게 잘 먹어서, 밖에서 놀고 싶다는 네 제안을 받아들인 거야.

방 청소를 깨끗하게 하면, 유튜브를 봐도 되나요?

→ 열심히 청소하는 네 모습에서 책임감이 느껴져서, 그 마음이 소중해서 네게 즐거운 시간을 선물한 거야.

게임과 유튜브를 부정적으로 생각할 수도 있습니다. 늘 아이에게 거래의 대상으로 쓰이기 때문에 그렇습니다. 하지만 같은 대상도 마음의 언어를 사용하면 거래는 선물이 되고, 부모와 아이는 이전보다 더 서로를 이해하게 됩니다.

사랑에는 단서가 없다는 사실만 기억하고 계신다면, 아이와의 대화에서 어려움이나 불편을 느끼지 않을 수 있습니다.

아이가 몰래 답안지를 보고 베낀 걸 처음 본 날

"지금 뭐하는 거야! 답안지를 보고 베낀다고?"

모든 부모가 아마 같은 경험으로 마음 아팠던 순간이 있을 겁니다. 누구보다 착하고 거짓이라고는 모르고 성장한 내 아이가, 몰래 답안지를 들추고 베끼는 광경을 처음 목격했을 때의 마음은 정말 글로 표현할 수도 없을 정도로 최악이죠.

"문제집 다 버려! 답을 보고 베끼는 아이에게 이런 문제집이 무슨 소용이야!"

충격을 받아 문제집을 휴지통에 버리는 부모도 있습니다. 그런데 대체 아이는 왜 그런 어리석은 선택을 했을까요?

"문제가 너무 어려워서 봤어요."

"틀리면 혼날 것 같아서 무서워서 봤어요."

"빨리 끝내고 나가서 놀고 싶어서요."

이렇게 아이들이 답안지를 본 이유는 크게 3가지입니다. 그렇게 대단한 이유는 아닙니다. 하지만 그건 전적으로 어른의 시각이지요. 아이로서는 이 3가지 이유가 자기 삶의 모든 것이니까요. 우선 그걸 먼저 이해해야 아이 마음에 다가갈 수 있습니다. 분노를 가라앉히고 이렇게 대화를 시작해 보세요.

"답안지를 보니 어땠어? 네 생각과 많이 달랐니?"

난생 처음으로 스스로 생각해도 나쁜 짓을 했다는 두려움에 떨던 아이가 자신의 생각을 답하면, 차분한 음성으로 "뭐가 달랐어? 어떤 부분에서 차이가 난 것 같아?"라는 식의 말로 아이가 조용히 생각할 수 있게 해 주세요. 무조건 혼날 거라고 생각하던 아이도 이제 어느 정도 마음의 여유를 되찾았을 가능성이 큽니다. 이때 마지막으로 이런 이야기를 들려주면 됩니다.

"답안지에 적혀 있는 답도 중요하지만, 네가 만든 답도 마찬가지로 중요해. 네가 생각한 답을 쉽게 생각하지 마. 틀려도 괜찮아. 오히려 더 소중하지. 지금의 네가 최선을 다해 만든 결과이니까."

이것도 하나의 과정입니다. 전혀 생각도 하지 못했던 일을 저지른 이유는, 정답으로 가는 조금 더 쉬운 길로 가고 싶다는 욕망을 품었기 때문입니다. 무조건 하지 못하게 막는 것보다는, 이런 이야기를 통해 조금씩 옳은 방향으로 이동할 수 있게 해 주는 게 좋습니다. 나쁜 게 뭔지 알아야 옳은 길과 좋은 생각이 뭔지도 스스로 깨닫게 됩니다.

이렇게 말해 주는 것도 참 좋습니다.

"좋은 답을 내기 위해서 누군가를 속여야 한다면, 더구나 너 자신까지 속인다면, 그것이야말로 아무런 가치가 없는 거야. 그렇게 해서 100점을 맞아도 그건 0점의 가치도 없는 거란다."

답안지를 숨기지 않고 그대로 방치한 부모의 잘못도 있다고 생각할 수 있지만, 답안지를 숨기는 방법 역시 좋은 방법은 아닙니다. 처음에는 쉽지 않겠지만, 자신을 유혹하는 답안지가 옆에 있어도 들추지 않는 자제력을 갖는 것이 무엇보다 중요합니다.

요즘에는 아이들이 스마트폰에 있는 계산기로 수학 문제를 풀고, 검색을 해서 답을 찾기도 하죠. 모두가 '빠르게 그리고 쉽게' 끝내고 싶은 욕망을 갖고 있기 때문에 발생하는 일입니다. 그 욕망에 지지 않게 자제력을 개선할 필요가 있습니다. 지금은 답안지를 보고 베낀 걸로 그쳤지만, 시간이 지나면 아이를 유혹할 더 나쁜 것들이 많이 존재하니까요.

비슷한 일이 있었을 때 독일의 철학자 니체는 8세 때 여동생에게 이런 조언을 했죠.

"우리 사이에는 거짓이 어울리지 않아."

여러분의 아이에게도 같은 말을 들려주세요. 어리다고 이해하지 못하는 것은 아닙니다. 들어본 적이 없어서 생소할 뿐입니다. 그 말에 익숙해지면 그 말이 의미하는 삶에도 익숙해지게 됩니다.

당신은 축하하고 있나요,
기대하고 있나요?

누군가에게 좋은 일이 생겼을 때, 그 일에 대한 좋은 마음을 전하기 위한 반응은 크게 2가지로 나뉩니다. 하나는 "축하한다."라는 표현이고, 나머지 하나는 "기대한다."라는 표현이죠. 서로 무엇이 다르다고 생각하나요?

섬세하게 살피면 극과 극이라고 생각할 정도로 매우 다른 표현입니다. "축하한다."라는 표현은 잘못 사용하면 상대방을 기분 나쁘게 만들 수도 있는 대표적인 말이죠. 물론 생일이나 각종 기념일, 혹은 시간만 지나면 당연히 누구나 만나게 되는 것들에는 "축하한다."라는 말이 잘 어울립니다. 하지만 스스로 분투해서 얻는 것들을 논할 때는 그렇지 않은 경우가 대부분이죠. 예를 들어서 설명하겠습니다.

"이번에 성적이 올랐어요."

"대회에 나가서 상을 탔어요."

"선행해서 칭찬을 받았어요."

이런 이야기를 접할 때 만약 "축하한다."라는 말로 마음을 전한다면, 그건 아이 미래의 가능성까지는 생각하지 않은 표현입니다.

"네가 가진 실력으로는 도달할 수 없는 성적을 받았네."

"네 능력으로는 어려운 일을 해냈네."

"평소의 너라면 받기 힘든 걸 받았네."

축하한다는 좋은 의미가 담긴 말에 미세하게 기대 이상을 해냈다는 의미가 녹아 있기 때문입니다. 짐작하지 못한 성과를 낼 때, 능력 이상의 결과를 보여 줄 때, 축하한다는 말이 어울립니다. 그런데 무언가를 생산할 때마다 멋진 결과를 내는 사람에게는 축하한다는 인사보다는 "기대한다."라는 말이 더 어울립니다. "축하한다"는 표현 뒤에 "기대한다"는 표현까지 넣어 보세요. 앞서 나열한 예를 통해 이렇게 적용하면 쉽게 응용할 수 있습니다.

"네가 앞으로 받을 성적이 더욱 기대된다."

"네 덕분에 수준이 더 높아질 그 대회의 미래가 기대되네."

"앞으로 펼칠 너의 더 멋진 모습이 기대된다."

이렇게 '축하' 표현 뒤에 '기대'를 넣으면 완전히 느껴지는 분위기가 달라집니다. 너는 당연히 더 잘할 수 있는 사람이고, 이 정도는 손쉽게 해낼 수 있는 사람이라는 느낌이 전해져서 그렇습니다.

물론 이런 차이점이 사소하다고 생각할 수도 있습니다. 이런 미세한 차이를 모르는 사람일수록 "굳이 그런 것까지 신경을 써야 하나?"라고 생각할 수도 있고, "나는 축하한다는 말로도 충분한데." 라고 응수할 수도 있죠.

언어는 수많은 사람 중에서 나를 구분할 수 있게 해 주는 가장 힘이 센 지적 무기입니다. 언어의 세계는 끝없이 넓고 깊으니까요. 자꾸 들어보고 자꾸 발음해 보면 미세한 차이가 거대한 결과를 결정한다는 사실을 알게 됩니다. 그래서 더욱 아이를 위해 이 사실을 늘 기억하는 게 좋습니다.

"부모의 언어는 아이의 내일을 빚는 가장 섬세한 손길이어야 한다."

놀이터에서
절대 양보하지 않는 아이

놀이터에 가면 늘 만나게 되는 풍경이 하나 있습니다. 아이들이 모두 좋아하는 놀이기구 앞에 길게 줄지어 선 모습, 그리고 유독 몇몇 아이들이 비켜주지 않고 오랫동안 놀이기구 하나를 차지하고 있는 모습이 바로 그것입니다.

수많은 전문가가 양보와 배려하는 마음을 기를 수 있는 다양한 방법을 제시하며 노력했지만, 그런 모습이 쉽게 사라지지 않는 이유는 뭘까요?

사실 해결하기 쉬운 문제는 아닙니다. 하지만 우리가 기억해야 할 것이 하나 있습니다. 자신의 욕망을 제어하지 못하는 것처럼 보이는 아이에게도 나름의 이유가 있다는 사실입니다. 이 문장을 천천히 읽다 보면, 그 이유를 알 수 있습니다.

"내가 아이였을 때, 나는 어떤 말을 듣고 싶었지?"

어떤가요? 여러분은 아이 나이였을 때, 다른 친구들에게 양보하라는 말이 듣고 싶었나요? 아니면 공부해야 하니까 그만 놀아야한다는 말이 듣고 싶었나요? 또는 건강에 좋지 않으니까 달콤한과자와 빵을 먹지 말아야 한다는 그 말을, 여러분이 아이 나이였을때 듣고 싶었나요? 세상 어디를 가도 그런 이야기를 좋아하는 아이는 없을 겁니다.

물론 아이여도 욕망을 스스로 제어할 줄 알아야 합니다. 그러나그건 억압이나 규칙으로만 가능한 건 아닙니다. 마음을 제대로 알아야 뭐든 해낼 수 있죠. 이때 부모가 기억해야 할 건, 아이의 마음까지 마음대로 하려고 하지 않을 것, 작은 부분을 인생 전체로 확장하지 않을 것, 이 2가지입니다.

하나하나 설명하면 이렇습니다.

1. 아이의 마음까지 마음대로 하려고 하지 않을 것

책을 읽을 때는 다 아는 내용인 것 같은데 정작 필요할 때 전문가들의 구체적인 조언이 전혀 생각나지 않는 이유는 '본질의 문장'을 모르기 때문입니다. 아이의 마음을 마음대로 하지 않겠다는 본질에서 시작하면, 저절로 이런 식의 생각을 통해 좋은 방법을 떠올릴 수 있게 되죠. 사회의 규칙을 설명하고 타인을 배려하라고 강제하지 말고, 아이 마음에 맞는 표현을 생각해서 먼저 마음에 다가서면 됩니다.

2. 작은 부분을 인생 전체로 확장하지 않을 것

이 부분 역시 중요합니다. 가장 많이 실수하는 부분이라서 그렇습니다. 이 본질의 문장을 담지 못하면 이런 식의 나쁜 표현을 내뱉게 됩니다.

"너 이러는 거 친구들도 아니?"

"친구들이랑 있을 때도 이러면 아무도 너랑 안 놀아준다!"

크나큰 상처를 주는 말입니다. 아이 입장에서는 너무나 과한 부모의 표현에 자신감마저 잃을 가능성이 높지요.

모든 아이에게 딱 맞는 절대적인 솔루션은 존재하지 않습니다. 세상의 어떤 전문가도 그건 만들 수 없습니다. 모든 아이가 다 달라서 전문가들의 이론도 다양하죠.

그래서 저는 늘 본질의 언어가 중요하다고 생각합니다. 내 아이만을 위한 단 하나의 방법을 스스로 생각할 수 있게 부모가 돕기 때문입니다. 아이의 욕망을 지혜롭게 제어하고 싶다면 위에 제시한 2가지 본질의 언어를 기억해 주세요.

아이는 '풀어야 할 문제'가 아니라, 다시 '안아야 할 존재'입니다. 자꾸 풀려고 하면 얽힌 문제가 더욱 복잡해지고, 안아 주려고 다가가면 그 따스한 마음에 모든 문제가 눈이 녹듯 천천히 사라질 겁니다.

24시간 무언가를 깨닫는 아이는 이것이 다릅니다

"공부는 꼭 해야 하는 일이야."

"공부는 삶에 꼭 필요한 걸 알려 주지."

이렇게 공부를 꼭 해야 하는 일이라고 강조하면서, 지속적으로 아이를 자극하고 격려해도 특별한 효과가 없는 이유는 뭘까요? 여러분의 과거를 돌아보면 잘 알 수 있죠.

"공부는 꼭 해야 하는 일이야."

이런 부모님의 말이 여러분에게 효과가 있었나요?

"지금 공부하지 않으면 나중에 후회한다."

"공부도 다 때가 있는 거야."

이런 말도 아마 마찬가지로 큰 효과가 없었을 겁니다. 이유가 대체 뭘까요?

변화의 시선으로 바라볼 때, 세상에는 두 가지 말이 있습니다. 하나는 '억지로 시키는 말'이고, 또 하나는 물이 흐르듯 자연스럽게 '흘러갈 수 있게 하는 말'이죠. 공부나 사랑, 그리고 꿈과 희망 등 인생에 있어서 꼭 필요한 것일수록 '흘러갈 수 있게 하는 말'이 필요합니다. 억지로 '해야만 하는 일'이 아니라 자연스럽게 '하는 일'이 되면 수월해지죠.

공부는 해야만 하는 일이라고 생각해서 자꾸만 마음이 불편하고 힘들지만, 숨을 쉬는 건 그냥 하는 일이라고 생각해서 말 그대로 숨을 쉬듯 편안하게 할 수 있어요. 일상에서 아래와 같은 말을 아이에게 자주 들려주세요. 그럼 아이는 자연스럽게 공부를 숨을 쉬듯 편안한 존재로 인식하게 됩니다.

"이렇게 우리 둘이 좋은 풍경을 보는 게, 어디에서도 할 수 없는 최고의 공부지."

"오늘 본 영화 어땠니? 난 좀 지루했는데, 덕분에 지루한 영화를 알아보는 안목을 키웠네."

"스마트폰이나 게임에 중독된 아이를 구하려면 어떤 방법을 사용하는 게 좋을까?"

이런 이야기를 일상의 곳곳에서 자주 듣고 대화를 통해 나눈 아이들은 24시간 내내 어디에서든, 무언가를 스스로 배우고 깨닫는 삶을 살게 됩니다.

이유는 간단합니다. 부모가 그런 삶을 대화를 통해 충분히 알려줬기 때문입니다. 자신을 둘러싸고 있는 주변에서 매일 중요한 일이 일어나고 있다는 생각으로 살면, 아이들은 스스로에게 깨달음을 줄 수 있는 장면을 더 자주 만날 수 있습니다.

그런 방식의 공부가 앞으로 더 중요한 이유는, 누군가에게 배운 지식은 이미 과거에 누군가 생각한 것이기 때문입니다. 아이에게 지식만 가르친다는 것은 다시 말해서 누군가의 생각을 주입해서 경쟁의 늪으로 안내하는 것과 같습니다. 지식은 아무리 창의적으로 가르쳐도 주입의 굴레에서 벗어날 수 없답니다. 그래서 아이는 '누군가 생각한 것'이 아닌, '스스로 생각하는 법'을 배워야 합니다.

무작정 1,000개의 지식을 그저 쌓은 아이보다, 하나의 지식을 배웠어도 그것을 왜 배웠으며 어디에 활용할 것인지 알고 있는 아이의 삶이 훨씬 풍요롭습니다. 이때 아이가 품은 하나의 지식은 결코 하나로만 끝나지 않기 때문이죠. 시작과 방향을 제대로 아는 아이의 지식은 삶의 수많은 방향으로 변주되며 아이의 삶에서 빛을 발할 것입니다.

매사에 긍정적이며 도전과 노력의 가치를 아는 아이로 키우는 말

아이들에게 꿈이 뭐냐는 질문을 던지면, 놀랍게도 이런 대답이 나올 때가 꽤 많습니다.

"저는 그냥 평범한 직장인으로 살고 싶어요."

제가 주목하는 부분은 '평범하다'라는 표현입니다. 물론 평범하다는 표현이 나쁘다는 말은 아닙니다. 그러나 여기에서 '평범하다'는 말에는 다음과 같은 의미도 있습니다.

"아무리 노력해도 나는 발전하지 못하지."

"평균만 하면 되는 거잖아."

"도전해 봐야 그게 그거지."

"그냥 살자. 굳이 고생할 필요가 있나?"

실제로 '평범하다'라는 말을 자주 사용하는 아이들은 위에 나열한 4가지 생각을 자주 하고 있었습니다. 매사에 부정적이며, 노력의 가치를 모르고, 도전을 회피하는 삶을 살고 있었죠. 부모의 말을 통해 빠르게 바꿔 주지 않으면 발전과 도전이 없는 삶에서 벗어나기 매우 힘들어집니다.

'평범하다'라는 표현을 아이가 사용할 때는 때에 맞게 적절히 할 수 있도록 표현을 약간 수정해 줄 필요가 있습니다.

"직장인과 평범하다는 말은 서로 어울리는 표현이라고 생각하는구나."라는 말로 시작해서, "왜 직장인이 평범하다고 생각한 거야?"라는 질문을 던져 주세요. 아이 입장에서는 별 의미 없이 '평범한 직장인'이라고 말했을 가능성도 있으니, 그렇게 자신이 발음한 문장에 대해서 충분히 생각하게 해 주세요.

중요한 건 지금부터입니다. 다음 3단계로 세부적인 질문을 던지며, '평범한 직장인' 안에 숨어 있는 표현을 찾아내는 거죠.

1. 무엇을 원하니?

여기에서 우리는 아이에게 "어떤 일을 하고 싶어?"라는 질문을 할 수 있습니다. 질문의 시작이니 최대한 많은 시간을 허락해 주세요.

2. 왜 그걸 원해?

다음에는 "그 일을 하고 싶은 이유는 뭐야?"라는 질문으로 본격적으로 아이의 생각을 들어보는 시간을 가지면 됩니다.

3. 그 가치는 어디에 있니?

마지막으로 단어에 숨어 있는 가치를 판단하는 과정입니다. 이때는 "같이 일하는 동료들에게 어떤 사람으로 기억되고 싶니?"라는 질문을 통해 우회적으로 자신이 선택한 일에 대한 가치를 느끼며 부여하는 기회를 가지게 할 수 있습니다.

이렇게 구체적으로 질문하면, '평범한 직장인'에 숨어 있는 의미를 알게 되죠. 아이가 답한 내용을 하나하나 맞추면 이런 식의 근사한 글이 완성됩니다.

"저는 나중에 게임을 만드는 직장에 다니고 싶어요. 게임을 하는 아이들에게 행복을 주고 싶으니까요. 그런 마음으로 일하면 아마 주변 사람들이 저를 '게임에 진심인 사람'으로 기억해 주지 않겠어요?"

어떤가요? 앞서 아이가 답한 말과는 전혀 다른 생각이 완성되었습니다. 실제로 아이들에게 질문을 던지면 대부분 이렇게 자신만의 생각을 담은 근사한 답을 줍니다. 해본 적이 없어서 모를 뿐이죠. 부모가 그 기회를 허락하면, 아이는 문을 열고 자신의 가능성을 보여 줄 겁니다.

아이의 상처받을 기회를
박탈하지 말아요

　아이는 늘 일상에서 새로운 시도를 합니다. 나이에 맞지 않는 정교한 장난감을 사달라고 하고, 분명히 먹지 못할 것 같은 음식을 먹자고 하고, 주방을 엉망으로 만들 요리를 하자고 합니다. 아이의 눈에는 희망과 기쁨이 가득하지만 부모 입장에서는 가슴 떨리는 순간의 연속이죠.

　"저러다 다치면 어쩌나?"

　"괜히 돈만 버리는 거 아니야?"

　"언제 다 치우나!"

　"실패해서 마음의 상처만 남지 않을까?"

　그래서 이런 말로 아이의 시도를 막습니다.

　"글쎄, 네가 그걸 할 수 있을까?"

"에이, 아직 너에게는 무리야."

"나중에 형처럼 초등학생이 되면 하자."

이런 말을 들은 아이는 어떤 생각을 할까요?

"나는 저걸 못하는 사람이구나."

"나는 왜 이렇게 못하는 게 많을까?"

"나이가 어리면 할 수 없는 거구나."

자신의 가능성을 스스로 낮추며, 할 수 있는 게 없다고 생각하고, '나이'라는 기준으로 사람을 나누게 됩니다. 정말 아이에게 위험한 일이 아니라면 조금은 발전적인 이야기를 들려주는 게 좋습니다. 적절한 언어는 이런 방식의 말입니다.

"하고 싶으면 해보면 되지 않을까?"

"그래 한번 시도해 볼까?"

"네가 잘할 수 있을 것 같은데."

이런 이야기를 들으면서 아이는 시작과 과정의 가치를 깨닫게 됩니다. 하지만 더 좋은 언어가 하나 있죠.

"우리, 같이 해보자."

아이들은 새로운 시도를 통해 무언가를 발견하는 것도 좋아하지만, 그걸 부모와 함께 이야기를 나누며 순간을 공유하는 것을 가장 좋아합니다. 아이는 부모와 함께 먹고 놀고 즐기며 마치 여행을 떠난 것처럼 자유를 느낍니다.

물론 새로운 시도를 통해 아이는 아픈 상처를 받을 수도 있습니다. 그렇다고 시도 자체를 막는 것은 아이의 상처받을 기회를 박탈

하는 것입니다. 상처가 나쁘기만 한 것은 아닙니다. 그 나이에 필요한 상처와 아픔도 있으니까요.

상처를 통해 아이는 회복의 기쁨을 깨닫게 됩니다. 실패를 통해 성공의 가치도 알게 되지요. 그때그때 필요한 감정을 아이가 경험할 수 있게 순간을 즐길 기회를 제공하는 것이 부모가 할 수 있는 최선의 교육입니다.

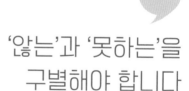

'않는'과 '못하는'을
구별해야 합니다

도대체 이유를 알 수가 없어요. 왜 아이들은 자신이 갖고 놀았던 물건과 사용했던 것들을 '제자리'에 놓지 '않는' 걸까요? 제가 '않는'을 강조한 이유는 거기에 바로 힌트가 있기 때문입니다. 아이들은 물건을 제자리에 놓지 '않는' 것이 아니라, 놓지 '못하는' 것입니다. 인식을 바꿔야 방법을 찾을 수 있습니다.

매우 중요한 부분입니다. '않는' 것은 의지의 문제이지만, '못하는' 것은 교육의 문제입니다. 접근 방법이 완전히 달라야 한다는 사실을 의미하죠. 지금까지 수없이 시도했지만 실패로 돌아갔던 강압과 지시로는 불가능합니다.

아이들이 자신이 사용한 것을 제자리에 놓지 못하는 이유는 간단해요. 아이들은 '제자리'가 무엇을 의미하는지 잘 모르기 때문입니다. '제자리'가 무엇을 의미하는지 쉽게 다시 설명할 수 있는 언어로 표현해야 이해를 더 쉽게 하고, 이해가 쉬워야 아이가 말을 들을 수 있는 가능성이 커집니다. 아무렇게나 말하지 말고 아이가 이해할 수 있는 언어를 구사해서 가능성을 높이는 방향으로 가는 게 좋습니다.

예를 들어서 유리컵을 대상으로 한다면, '제자리'라는 말보다는 이런 식의 표현이 좋습니다.

"네가 사용했던 유리컵을 안전하게 보관할 수 있는 장소에 놔야겠지. 너는 그게 어디라고 생각하니?"

이번에는 블록을 예로 든다면, 이렇게 말하는 게 좋습니다.

"어디에 블록을 놓으면 다른 것과 섞이지 않고, 다음에도 쉽게 꺼내서 놀 수 있을까? 네 방에서 그런 장소가 어디라고 생각하니?"

물론 사력을 다해서 반항하며 치우지 않는 아이도 있습니다. 하지만 그런 아이도 처음부터 그러지는 않았을 가능성이 큽니다. 이렇게 '제자리'를 정확하게 정의하면서 아이의 의견을 묻는다면 아이가 잊을 염려도 없고, 동시에 물건의 가치를 알게 되며 놓일 위치까지도 생각하게 되니 분별력도 기를 수 있게 되죠.

아이가 아무리 지시를 반복해도 잘 따르지 못하는 이유는 대부분 모르기 때문입니다. 먼저 그걸 인식하는 게 우선입니다. 생각해 보세요. 모르는데 어떻게 할 수 있겠어요. 간혹 아이가 알면서 반항을 한다고 하소연하는 분도 있습니다. 하지만 그 이유가 뭘까요? 아마 알려 주지도 않고 무조건 지시와 강요만 했던 부모에게

뒤늦게 화를 내는 것이겠죠.

아이가 현재 어떤 문제를 갖고 있다면, 과거 어느 순간 부모에게 부적절한 말을 들어서 생긴 부작용일 가능성이 큽니다.

모든 순간 적절한 말을 들려주는 것은 생각처럼 어려운 일이 아닙니다. 이런 생각으로 접근하면 되죠. "어떻게 하면 따끔하게 벌을 줄 수 있을까?"라는 생각을 버리고, "어떻게 하면 문제의 본질을 발견하게 할 수 있을까?"라는 질문을 마음에 품는 것입니다. 그 질문을 품고 살면 여러분은 곧, 아이의 모든 문제를 해결할 답을 안고 있는 자신을 발견하게 될 겁니다.

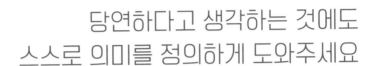

당연하다고 생각하는 것에도
스스로 의미를 정의하게 도와주세요

누구나 알고 있듯이 인사는 특히 한국 사회에서 매우 중요한 예절입니다. 그러나 가끔 주변을 둘러보면 거의 강요에 가까운 인사 교육을 하고 있는 광경을 보게 됩니다. 여기에서 우리는 자신에게 이런 질문을 던질 필요가 있습니다.

"내가 아이에게 인사를 시키는 이유는, 아이의 사회성과 예절을 위해서인가? 아이를 잘 키웠다는 평가를 받기 위해서인가?"

물론 정답은 없습니다. 둘 다 이유가 될 수도 있지요. 중요한 건 한번 생각해 보는 시간을 갖는 것입니다. 그래야 '인사'를 대하는 자신의 인식을 확인할 수 있으니까요.

중요한 질문을 하나 던지겠습니다.

"우리는 왜 인사를 하는 걸까요?"

스스로 정의한 이유가 있어야 더 적절한 교육이 가능하니, 차분하게 생각해 보세요. 다양한 의견이 있을 수 있어요.

"인사를 하는 건 당연한 사람의 도리가 아닌가!"

"인사를 잘하면 사회생활에 좋다."

"어른을 보면 먼저 인사하는 게 좋다."

반대 의견도 있을 수 있습니다.

"아이들에게 인사를 억지로 강요하지 말자."

"왜 그렇게 인사에 목을 매고 사는 건가?"

서로 생각하는 방향은 다르지만, 결국 의미를 하나로 모아서 생각해 보면 인사는 좋은 마음을 전하려고 하는 것이죠. 중요한 건 인사를 해야 할 사람에게 진심을 다해 고개를 숙이는 겁니다. 진심이 우러나와야 서로에게 만족을 줄 수 있으니까요.

예절은 강요나 지시로 가질 수 있는 물건이 아닙니다. 마음에서 우러나와야 하지요. 억지로 인사를 강요하고 지시하면 아이는 나중에 뭐가 가치가 있고, 무엇을 피해야 하며, 어디에 집중해야 하는지 모르게 됩니다.

이 부분에 대해서 잘 생각해 보아야 합니다. 분별력을 갖추지 못한 상태에서 강요하고 지시하면, 아이는 결국 본질을 자꾸 망각하게 되는 것이죠. 제대로 선택을 하지 못해서 늘 후회하며, 자기 삶을 살아내지 못하게 됩니다. 그런 억울한 삶을 살지 않게 하려면, "어른을 보면 인사를 해야지." 이 말을 이렇게 바꿔서 표현하면 좋습니다.

"너의 고마운 마음을 표현해야지."

"좋은 분들께 예쁜 마음을 전하자."

"네가 받은 행복이 얼마나 소중한지, 우리 마음을 담아서 알려드리자."

어떤가요? 느낌이 전혀 다르죠. 인사는 단순히 나이가 많거나 지위가 높아서 당연히 받아야 하고 해야 하는 거라고 하면, 아이는 그걸 쉽게 받아들이지 못할 겁니다. 게다가 부모가 기대하는 예절도 갖지 못하고, 좋은 것과 나쁜 것, 반겨야 할 것과 스쳐야 할 것을 구분하지 못하는 삶을 살게 될 가능성도 크지요. 여기에도 물론 다른 의견이 있을 수 있습니다.

"어떻게 모든 어른에게 그런 의미를 부여할 수 있나요?"

"아이들이 그런 걸 어떻게 판단하나요?"

그러나 한번 시도해 보시고 판단하시길 바랍니다. 아직 해본 건 아니니까요. 우리 아이들은 생각보다 지혜롭고 현명합니다.

인사는 결코 인사 하나로만 끝나는 문제가 아닙니다. 그래서 더욱 섬세하게 다가가야 하죠. 아이와 함께 위에 쓴 예시를 낭독과 필사로 내면에 담는 시간을 보내신다면, 아이는 마땅히 해야 하는 일에 대해 스스로 정의하고 스스로 실천하게 될 것입니다. 마음을 담아 전하는 특별한 인사를 통해 자신의 삶을 지혜로 채우는 것처럼요.

아이의 가능성을 열어 주는
'열린 생각' 작동법

"넌, 커서 뭐가 되려고 그러니?"

"다른 아이들도 그렇게 생각하니?"

부모 입장에서 아이가 엉뚱한 방향으로 생각하고 행동할 때, 주로 이런 표현을 사용하게 되죠. 하지만 이건 다른 아이들과의 비교에서 시작된 부정적인 표현입니다. 이런 표현을 자주 듣게 되면 아이는 저절로 '닫힌 생각'을 하게 되죠.

"다른 아이들처럼 생각하고 행동해야지."

"눈에 띄는 건 좋은 일이 아니야."

결국 아이는 자연스럽게 스스로도 내일의 가능성을 기대할 수 없는 인생을 살게 됩니다. 하지만 이런 방식으로 '열린 생각'을 할 수 있게 해 준다면, 아이의 인생은 전혀 다른 쪽으로 흐르게 됩니다.

"네 생각 참 기발하네, 조금 더 들려줄래?"

"와, 어디에서도 듣지 못한 이야기네."

"멋지다. 어떻게 그런 생각을 했니?"

이렇게 열린 생각을 할 수 있게 하면 아이는, 남들이 다 아는 지식보다는 자신만의 상상력이 중요하다는 사실을 깨닫게 됩니다. 부모가 보기에 지금은 조금 이상적이고 뜬구름을 잡는 이야기처럼 들릴 수 있지만, 스스로 생각에 생각을 거듭하며 매일 더 나은 창조물을 쏟아내게 됩니다.

하지만 문제는 머리로는 누구보다 잘 알고 있지만, 입으로는 나오지 않는 데 있습니다. 왜 그럴까요? 이유는 간단합니다. 그 말이 아이에게 좋다는 것은 잘 알지만, 나도 부모님께 들어본 말이 아니라서 머리에 저장만 했지 마음에는 없기 때문입니다.

이제 아이의 탄탄한 내면 형성에 도움이 되는 그 아름다운 말들을 의식적으로라도, 아이에게 매일 자주 들려주기로 해요. 아래에 제시하는 12가지 말을 통해서 아이가 열린 생각을 할 수 있게 도울 수 있습니다.

1. 참 고마워, 네 덕분이야.

2. 아, 그래서 네 기분이 안 좋았구나.

3. 이렇게 하는 것에 대해서 네 생각은 어떠니?

4. 네가 행복하면 나도 기뻐.

5. 그래, 네 생각대로 한번 해보자.

6. 너랑 함께 있는 시간이 참 소중해.

7. 말도 참 재미있게 잘한다니까.

8. 이 부분에서 네 생각은 어떠니?

9. 엄마가 이걸 할 수 있게 도와줄 수 있겠니?

10. 우리 오늘도 즐거운 시간을 보내자.

11. 조금 더 네 의견을 듣고 싶어.

12. 우리는 너를 참 많이 사랑한단다.

매일 아이들에게 들려주면 좋은 말입니다. 따스한 표현으로 정서적 안정도 느낄 수 있죠. 그러나 이런 교육적 사실보다 더 중요한 것은 아이에게 들려주는 아름다운 말을 부모 자신에게도 들려줘야 한다는 것입니다.

부모의 자존감과 정서도 중요합니다. 부모가 없으면 아이도 없으니까요. 아이에게 할 수 있다고 말할 때, 스스로에게도 할 수 있다고 말해 주세요. 아이에게 사랑한다고 말할 때, 스스로에게도 사랑한다고 말해 주세요. 위로와 격려는 아이에게만 필요한 게 아닙니다. 부모 마음이 사랑과 행복으로 가득해야 그 입에서 나오는 언어가 근사해지니까요.

당연히 해야 할 행동과 규칙은
질문하지 마세요

앞서도 한번 이야기했지만 아이의 뜻과 의지를 존중하는 의미에서 부모는 자주 질문하며 의향을 묻게 되지요. 일상에서 이런 순간을 자주 맞이할 겁니다.

"네가 쓴 젓가락이랑 그릇을 좀 치워줄 수 있겠니?"

"방금 벗은 신발 좀 정리하는 게 어떨까?"

부모 입장에서는 책이나 강연에서 들었던 대로 아이의 의지를 존중하며 강압적으로 명령하지 않았으니 스스로 매우 잘했다고 생각할 수도 있죠. 물론 아주 좋은 마음입니다.

그러나 모든 상황에서 아이의 입장을 생각하는 것은 오히려 아이를 망치는 일이 될 가능성이 높습니다. 모든 순간 아이의 입장을 먼저 생각한다는 것은 반대로 아무런 생각 없이 아이를 바라본다는 증거일 수도 있기 때문입니다.

여기에 매우 중요한 부분이 있습니다. 세상에는 인간이라면 당연히 지켜야 할 규칙이 있죠. 가정에서도 그런 것들이 있습니다. 이를테면 이런 것들입니다.

- 식사를 마친 후에는 자신이 사용한 식기를 스스로 치우기.
- 신발을 벗은 후에는 직접 신발을 정리하기.
- 아침에 일어난 후에는 이불을 스스로 정리하기.

반드시 해야 할 당연할 것들까지 아이에게 의향을 묻고 배려하는 질문을 할 필요는 없습니다. 그럼 아이는 "아, 이건 안 해도 되는 거구나."라고 생각하게 되니까요. 아이가 선택할 수 있게 하지 마시고 당연히 해야 할 것은 하고 살아야 한다는 귀한 사실을 깨닫게 해 주는 게 좋습니다.

"다 먹었으면 젓가락이랑 그릇 치우자."

"방금 벗은 신발 예쁘게 정리하자."

"아침에 일어났으면 이불 정리해야지."

이런 표현을 통해 아이의 의향을 묻지 마시고, 반드시 해야 할 것이 무엇인지 알려 주세요. 당연히 해야 할 것을 당연하게 하면서 아이는 세상에는 인간이라면 반드시 지켜야 할 규칙이 있고, 그걸 지키며 조금 더 나은 사람이 된다는 사실을 알게 됩니다.

과정의 언어로
아이의 결과를 빛내 주세요

"공부 몇 시간 했어?"

"책 어디까지 읽었어?"

"독서 감상문 몇 장 썼어?"

공부와 독서 그리고 글쓰기를 가르치며 아이에게 이런 이야기를 습관처럼 하게 됩니다. 그러나 이건 도착만을 강조하는 대표적인 '평가의 언어'입니다. 아이의 자기주도성을 높이는 데 매우 부정적인 역할을 하죠. 이런 말을 듣고 자라는 아이는 공부할 때 시간만 채우려고 하고, 독서할 때 페이지만 넘기려고 하고, 글을 쓸 때 무작정 많이만 쓰게 됩니다.

그렇게 나온 결과는 아이의 것이라고 말할 수 없습니다. 중간에 아이는 무엇을, 왜, 어떻게 배우고 읽는지는 전혀 고민하지 않아도 되기 때문입니다. 물론 부모 입장에서는 시간도 없고 아이가 당장 눈에 보이는 성과를 내야 무언가 해냈다는 기분이 드니까, 어쩔 수 없이 평가의 언어를 쓰게 된다고 말하게 되겠죠.

그 마음을 이해하지 못하는 것은 아닙니다. 다만 무엇이 옳은 방향인지는 꼭 생각해 봐야 합니다. 이런 방식의 교육을 통해 아이는 명령과 지시에 익숙한 어른으로 성장할 뿐입니다. '평가의 언어'가 아닌 '과정의 언어'를 구사해야, 아이의 지성을 움직이게 할 수 있습니다. 모든 시작과 과정을 자신이 제어해야 하죠.

"어느 부분이 가장 기억에 남았어?"

"어디에서 읽다가 멈췄니?"

"글을 쓰다가 어디에서 막혔어?"

이렇게 과정의 언어를 사용하면, 저절로 질문에 질문을 연결해서 성장할 수 있습니다.

"거기에서 어떤 생각을 했어?"

"네가 주인공이라면 어떻게 할 것 같아?"

"글을 쓰다가 막힌 이유가 뭘까?"

"어떻게 하면 다음 이야기를 쓸 수 있을까?"

새로운 질문이 끝없이 나와서 아이가 그 지식의 주인이 될 수 있게 해 주세요. 부모의 역할은 평가가 아니라 아이의 과정을 빛내는 데 있습니다. 부모는 심판이 아니라 언제나 따스한 눈으로 바라보며 끝까지 응원하는 사람이어야 합니다.

5장

아이의 회복 탄력성을
결정하는 대화

아이가 원하는 것은 조언이 아니라 대화 그 자체다

　세상에서 가장 근사한 대화는 상대를 억누르고 어떻게든 승리를 따내는 것이 아니라, 상대가 가진 힘과 능력을 더 아름답게 발전시키는 데 있습니다. 그게 모두가 자신의 가치를 찾는 길이라고 볼 수 있죠. 부모도 늘 이 부분을 고민합니다. 내 아이가 조금 더 멋진 삶을 살기를 바라는 마음에 도움이 될 이야기를 들려주고 싶은데, 그게 잔소리로 들릴지도 모른다는 사실에 망설여지기 때문입니다.

　"어떻게 하면 잔소리가 아닌, 조언으로 느끼게 말할 수 있을까?"

　그렇게 많은 부모가 지금도 잔소리가 아닌 조언으로 느껴질 만한 표현을 찾아 방황하고 있습니다. 하지만 저는 여러분들께 이제는 그런 걱정을 아예 할 필요가 없다고 말하고 싶습니다. 이유는 간단합니다. 아이들이 입을 모아 이렇게 외치기 때문입니다.

"잔소리를 들으면 참 기분이 나쁘다. 그런데 조언은 나를 더 기분 나쁘게 만든다."

사실 많은 부모가 그간 알고 있었지만 애써 외면했던 표현이죠. 세상에 조언을 반기는 사람은 별로 없습니다. 듣는 사람 입장에서는 잔소리보다 조언이 더 기분 나쁘게 느껴질 수도 있습니다. 실제로 많은 아이가 부모가 입을 열어 조언을 할 때마다 지긋지긋한 그 시간을 겨우 견디고 있을지 모릅니다.

이쯤에서 우리는 이런 귀한 사실을 깨달아야 합니다. 부모와 아이 사이에서 필요한 것은 조언이나 잔소리가 아니라, 그저 '마음을 나누는 대화'입니다. 자꾸 아이의 마음을 바꾸려고 하지 말고, 자꾸 가르치려고 하지 말아요. 아이가 부모에게 원하는 것은 편안한 대화입니다.

무언가를 많이 오랫동안 배운 사람들은 마치 하늘에서 아래로 눈이 내리듯, 자신의 지식을 아이에게 전파하면 된다고 생각합니다. 그러나 그건 매우 커다란 착각입니다. 아이를 바꿀 진정한 가르침은 가장 좋은 구두를 신고, 조심스럽게 대지에 발을 디딘 이후에 손을 잡고 함께 걸어갈 때 이루어지기 때문입니다. 다시 말해 아이에게 무언가를 가르친다는 것은 손을 잡고 함께 걸어가는 일입니다.

그래서 우리는 대화를 나눠야 합니다. 세상이라는 무대 위에서 떨고 있는 당신의 아이는 당신이 배운 지식이 아니라, 당신의 따스한 손이 필요한 거니까요. 아이에게 좋은 부모가 되고 싶다면, 이제 그 정도 배웠으면 충분합니다. 당신에게 필요한 것은 아이에게 손을 내밀 수 있는 마음의 여유 하나면 충분합니다.

사랑이라고 무조건 좋은 것은 아닙니다. 끝없는 사랑은 그걸 받는 상대에게도, 전하는 자신에게도 나쁜 영향을 주니까요. 사랑만 전하는 사람에게는 사랑을 받을 틈이 없습니다.

아이가 소중한 사람에게 사랑을 주는 숭고한 기쁨을 느낄 수 있게 하려면, 부모가 가끔 자신의 사랑을 제어해야 해요. 아이에게도 당신에게 사랑을 줄 틈을 주세요. 세상에서 가장 아름다운 틈은, 주고 싶은 마음을 제어할 때 탄생합니다.

과거에 부모에게서 받은 억압과 고통을
내 아이에게 물려주지 않으려면

부모는 늘 아이에게 좋은 것을 주려고 합니다. 하지만 중요한 건 받는 사람의 마음입니다. 아무리 귀한 것을 줘도 받는 아이의 생각이 "이런 현실에서 벗어나고 싶어."라는 것이라면, 부모는 아이에게 고통만 주고 있는 것이지요.

문제는 그게 되물림이 된다는 사실입니다. 아이를 혼내다가 어느 순간 정신을 차리고 보면, 그렇게도 싫어했던 내 부모의 방식으로 아이를 혼내고, 그 말투와 표현까지 완벽하게 일치한다는 사실에 "내 아이는 이렇게 키울 수 없어."라는 반성을 하게 됩니다.

그러나 그 굴레에서 벗어나는 건 쉬운 일이 아닙니다. 평생 그런 일상을 보냈기 때문입니다. 먼저 자신의 언어 습관을 돌아볼 필요가 있습니다. 절대로 실패를 용납하지 않고 불신에 대한 막연한 신념을 갖고 있는 사람들은 일상에서 주로 이런 이야기를 자주 합니다.

"내 팔자가 그렇지 뭐."

"세상이 그렇게 호락호락한 줄 아니!"

"넌 언제 사람 구실하는 거냐!"

과거에 부모에게서 받은 억압과 고통을 내 아이에게 물려주지 않으려면, 자신을 지배하는 언어의 굴레에서 벗어나야 합니다. 위에 나열한 3가지 언어를 앞으로 쓰지 마시고, 아이와 함께 하는 모든 일상에서 아래에 제시하는 '방법을 찾는 언어'를 적절하게 사용해 주세요.

"여기에 분명 좋은 부분이 있을 거야."

"세상에 결코 쓸모없는 순간은 없어."

"저 사람에게도 분명 장점이 있을 거야."

"지루한 영화를 즐겁게 보려면 어떻게 해야 할까?"

"이 공간에는 어떤 특별한 게 있을까?"

"모든 것을 좋게 생각해서 나쁠 건 없지."

"방법을 찾는 사람이 더 큰 자신을 만들 수 있지."

"그게 뭐든 움직여야 가질 수도 있단다."

"어제보다 오늘 조금 더 나아진 게 뭐가 있을까?"

"이 책에는 어떤 흥미로운 정보가 있을까?"

자신을 지배하는 부정적인 현실에서 벗어나려면, 또한 그런 늪에 아이를 빠지지 않게 하려면, 이렇게 자꾸 방법을 찾아내려는 시도를 해야 합니다.

　이런 이야기를 반복해서 듣고 자란 아이는 힘든 일이 생겨도 스스로 거기에서 쉽게 벗어납니다. 바로 이런 생각을 하면서 벗어나는 거죠.

　"비록 부모님이 막아서 게임은 할 수 없지만, 찾아보면 시간을 즐길 다른 방법이 있을 거야."

　"다른 아이들은 좋아하지 않는 책이라고 하지만, 분명 여기에서도 흥미로운 부분을 찾을 수 있을 거야."

　'방법을 찾는 언어'를 자주 듣고 자란 아이는 어떤 상황에서도 이렇게 자신에게 행복과 즐거움을 줄 방법을 멈추지 않고 생각합니다. 그럼 지루한 책에서도 즐거움을 발견하게 되고, 다른 사람들은 전혀 바라보지 않는 낯선 공간에서도 자기만의 즐거움을 발견할 수 있습니다. 어디에서든 배울 수 있는 아이가 되는 것이지요.

친구와 다투고 돌아온 아이와
'마음의 언어'로 대화하기

아이가 잔뜩 분한 표정으로 집에 들어서며 외칩니다.

"나 앞으로는 옆집 친구랑 놀지 않을 거야!"

"다시 또 놀면 내가 사람이 아니다."

부모 입장에서는 조금 난감합니다. 다른 아이 편을 들 수도 없고, 무작정 내 아이 편만 들 수도 없으니까요. 게다가 상황도 제대로 모르는 상태라서, 첫 한마디를 꺼내기가 참 힘들죠. 그럼 어떤 말로 대화를 시작해야 할까요? 보통은 이런 식으로 나갈 가능성이 큽니다.

"친구랑 싸우면 안 되는 거야. 친구라면 먼저 이해하고 친하게 지내야지."

그러나 그 말로 아이 마음은 더욱 분노하게 됩니다. 이유는 간단합니다. 아이 마음을 읽지 못해서 그렇죠. 부모가 무슨 말을 준비했든 말을 하기에 앞서서, 아이 마음을 읽는 것이 먼저입니다. 그래서 부모에게는 '마음을 읽는 언어'가 필요한 것이죠. 전혀 어렵지 않습니다. 다음 3단계 방식으로 조금씩 다가가면 되니까요.

1. 이해의 언어

"그래, 오늘 무슨 일이 있었구나."
"어떤 일이 있었는지 엄마가 들을 수 있을까?"

2. 공감의 언어

"맞아, 네 마음이 이해되네."
"그래, 그런 상황이라면 충분히 이해할 수 있지."

3. 해결의 언어

"그럼, 우리 앞으로 어떻게 해야 하지?"
"내일 친구에게 어떤 말을 하는 게 좋을까?"

이렇게 이해하고 공감하면서, 해결까지 아이가 스스로 할 수 있게 하는 게 좋습니다. 그래야 분노를 쌓지 않고 문제를 스스로 해결하며, 자기 앞에 주어진 일을 처리하는 방법을 배우니까요.

아이에게 문제가 생기는 건 나쁜 소식이 아닙니다. 문제가 생겨야 문제를 해결할 방법을 배울 수 있기 때문이죠. 부모는 그저 공감하며 이해하면 됩니다.

　분노한 아이의 감정을 굳이 바꾸려고 하지 말아요. 비난하는 감정을 평온한 감정으로, 흥분한 감정을 차분한 감정으로 바꾸는 것은 그리 좋은 선택은 아닙니다. 감정은 가르치는 게 아니니까요. 어디에서 어디로 흘러가고 있는지 '마음의 언어'를 통해 그 방향만 파악하면 됩니다. 그럼 아이 스스로 멋지게 문제를 해결할 수 있습니다. 세상에 틀린 감정은 없습니다. 이해하지 못한 감정만 있을 뿐이죠. 부모는 그 중간의 어느 지점에서 마치 등대처럼 아이의 길을 밝혀주며 끝없이 바라보는 사람입니다.

가만히 있는 게 정말
도와주는 걸까요?

"그건 틀렸다고 몇 번이나 말했니!"

"아니야! 그건 아니야, 제발 아니라고!"

부모가 이런 식으로 말하면, 아이는 자신이 '실패했다'고 생각합니다.

"난 실패자야, 뭐 하나 잘하는 게 없어."

"아무리 해도 잘 되는 게 없어."

게다가 부모가 잔뜩 화난 표정으로 이렇게까지 말하면 더욱 힘이 빠집니다.

"내가 대신할 테니까, 너는 구경이나 해."

"못하면 저리로 가 있어, 넌 그게 돕는 거야."

내면이 탄탄한 어른이 들어도 순식간에 멘탈을 파괴하는 이 표현을 아이는 아주 어렸을 때부터 듣고 있었을지도 모릅니다.

"가만히 있는 게 도와주는 거야."라는 말에는 세 가지 의미가 녹아 있습니다.

"모르면 가만히 있는 게 좋다."

"나서지 말고 중간만 해라."

"현재 네 생각에는 가치가 없다."

느낌이 어떤가요? 아이에게 절대로 주고 싶지 않은 것들이 모두 모여 있는 '종합막말세트'인 셈이죠. 그렇게 아이는 자신의 가치를 믿지 못하며 나아지려는 의지마저 버린 상태가 됩니다.

처음부터 용기가 없는 아이는 없어요. 자신감을 지우고 용기를 빼앗는 부모의 말이 쌓여 그렇게 된 것이죠. 부모의 언어는 아이의 살아갈 힘이 되지만, 때로는 그 반대로 작용하기도 합니다.

실수하고 때로 힘이 빠지는 행동을 해도 만약 부모가 이런 말을 들려준다면, 아이는 다시 힘을 내서 뭐든 해낼 것입니다.

"우리, 다시 한번 해볼까?"

"걱정하지 마. 내가 계속 여기에 있을게."

"네가 웃으니까 나도 웃음이 나네."

작은 것 하나라도 잘한 부분을 찾아서 아이가 스스로를 자랑스러워할 수 있게 예쁜 언어로 전하는 것이 부모의 역할입니다. 아이들 역시 부모님이 자신에게 그런 말을 들려주기를 오늘도 바라고 있죠. 사랑 안에서 살고 싶은 아이의 바람을 기억하면 됩니다.

정서가 불안한 아이에게
안정감을 주는 부모의 말

아이를 잘 키운다는 것은 무엇을 의미할까요? 이런 주변의 평가를 받는 아이를 말하는 걸까요?

"애가 벌써 어른처럼 철이 들었네."

"점잖게 울지도 않고 보채지도 않네."

이런 아이를 보면 어떤 생각이 드세요? 정말 멋지게 철이 든 아이라고 생각하시나요?

그런 아이도 간혹 있을 수 있겠죠. 하지만 아이가 아이답지 않다는 것은 그리 좋은 일이 아닙니다. 아이는 당연히 그 나이의 아이가 울고 보채는 것을 어느 정도는 해야 합니다. 그게 당연한 일이니까요.

울지 않고 보채지 않는 이유는 아이 스스로 자신을 억제하고 있기 때문입니다. 아이의 마음속에서는 이런 소리가 멈추지 않고 울리고 있을지도 모릅니다.

"부모님이 이런 나를 좋아하니까, 힘들어도 참자."

"보채면 혼나니까 되도록 마음을 억제하자."

아이가 보채지 않거나 점잖게 보이는 이유는 둘 중 하나일 가능성이 높습니다. 아이가 아이답게 보이지 않는 것은 그 아이가 마음의 상처를 입고 있기 때문이죠. 아픈 아이이지 철든 아이가 아닙니다. 아이는 그 나이에 맞는 추억을 가져야 하는데, 억압된 상태에서 무엇도 남길 수 없는 '추억이 없는 아이'로 자라고 있는 거죠. 그걸 어떻게 점잖다고 말하며 철들었다고 칭찬할 수 있겠어요.

잘 키우고 싶다는 부모의 욕심이 아이를 자꾸만 그 나이에 맞는 일상을 살지 못하게 하는 것입니다. 문제는 실제로 아이의 의식 수준이 어른처럼 올라간 것이 아니라, 참고 견디며 그렇게 보이게 꾸미고 가장한다는 사실에 있죠. 이것은 작게는 자신을 속이는 일이며 크게는 없는 것을 마치 있는 것처럼 과장하는 것이라 세상을 속이는 일입니다.

아이를 잘 키운다는 건 과연 무엇일까요? 앞서 말한 것처럼 잘 키운다는 것은 아이에게 그 나이에 맞는 생각과 추억을 주며 살아가게 하는 것입니다. 결국 아이에게 가장 중요한 것은 영어 단어를 암기하고 화려한 곳에 가서 식사를 즐기는 그 자체가 아니라, 함께 단어를 암기하며 고생했던 기억과 식사 도중에 얼굴에 묻은 소스를 바라보며 웃었던 부모와의 따뜻한 추억입니다.

정서가 불안한 아이에게 안정감을 주는 말을 소개합니다. 지금 아이가 마음에 상처를 입은 상태라면, 혹은 조금이라도 그럴 기미가 보인다면 일상에서 자주 들려주세요.

프린트를 해서 잘 보이는 곳에 붙이는 것도 좋고, 암기해야 할 정도의 가치가 있는 말이니 낭독과 필사를 통해 자신의 언어로 만드는 걸 추천합니다.

1. 내가 늘 곁에 있으니, 자신 있게 하면 돼.

2. 배우는 속도는 전혀 중요하지 않아.

3. 내 마음속에는 늘 너와의 추억이 담겨 있어.

4. 뭐든 다 잘할 필요는 없단다.

5. 훌륭한 글은 인생을 풍요롭게 만들어 주지.

6. 가치를 알면 인생이 달라진단다.

7. 무엇보다 네 마음, 네 몸, 네 생각이 먼저야.

8. 가끔 이해할 수 없는 일도 일어나는 거야.

9. 세상에 틀린 건 없어, 단지 다를 뿐이란다.

10. 내일도 너에게 좋은 일이 생길 거야.

11. 우리 매일 기분 좋아지는 상상만 하자.

12. 너랑 함께 있으니 참 좋다.

13. 차분해지면 하루가 아름답게 느껴져.

14. 울어도 괜찮아, 다만 혼자 울지는 말자.

15. 무엇보다 너 자신의 기쁨이 먼저야.

16. 주는 게 아니라, 받는 것까지가 사랑이란다.

17. 실패를 걱정하지 말자, 늘 손을 잡고 있으니까.

18. 널 힘들게 하는 사람까지 이해할 필요는 없어.

19. 네가 아니었다면 난 아무것도 할 수 없었을 거야.

20. 고마워, 이렇게 예쁘게 내게 와줘서.

노력만 강조하는 말은
아이의 성장을 멈추게 합니다

"넌 노력이 부족해! 더 열심히 해야지!"

"이게 최선을 다한 결과니? 역시 최선을 다하지 않았구나."

시험을 보거나 각종 과제가 끝난 후 불만족스러운 결과가 나올 때마다 부모의 입에서는 이런 이야기가 나오죠.

"그러니까 평소에 노력을 더 했어야지."

그러나 '노력'이라는 표현은 오히려 아이 마음을 혼란스럽게 만듭니다. 예를 들어서 이렇게 생각해 보죠.

"당신에게는 진정성이 부족합니다."

누군가 당신에게 이런 말을 했다면, 과연 기분이 어떨까요?

"네가 뭔데 내 진정성을 평가해!"

"나도 나름대로 열심히 했어!"

이런 반박을 하게 되겠죠. "노력이 부족해!"라는 말을 들은 아이 마음도 부모와 같을 겁니다. 노력과 진정성은 비슷한 표현입니다. 타인이 내가 보낸 시간을 평가하는 거죠. 나만 알고 있는 그 시간의 깊이를 타인이 자기 마음대로 재단하는 겁니다. 부모가 아이에게 쉽게 할 표현은 아니지요.

아이에게 결과에 대한 생각을 전하고 싶다면 숫자로 정확하게 표현하는 게 좋습니다. 만약 아이와 장난감을 만들고 있다면, "30분만 투자해서 만드니까, 약간 만족스럽지 않지?"라고 말하는 거죠. 그럼 아이는 바로 이렇게 답하겠죠.

"우리 10분만 더 시간을 내서 도전해요. 그럼 더 좋은 결과가 나올 것 같아요."

노력이 중요하지 않다는 말이 아닙니다. '노력'이라는 단어는 아이가 스스로 자기 삶에서 깨달아야 할 가치입니다. 자기만의 기준을 분명히 세워야 "넌 노력이 부족해!"라는 주변의 평가에 흔들리지 않게 되니까요.

앞서 언급한 30분과 10분 등으로 측정 가능한 표현에 먼저 익숙해지면, 스스로 측정 불가능한 대표적인 언어인 노력과 진정성 등에 대한 정의를 할 수 있게 되죠. 그 과정을 거쳐야 비로소 아이는 "나는 노력이 뭔지 알아."라고 말할 수 있게 됩니다.

아이 일상에서 이루어지는 모든 상황에서 '노력'이라는 표현은 되도록 빼고, 이렇게 아이가 쉽게 이해할 수 있게 '숫자'를 통해서 말을 하면, 아이는 스스로 '노력'이라는 게 무엇인지 그 의미를 스스로 깨닫게 됩니다.

"10분만 더 하면 완성할 수 있을 것 같아."

"시간이 1분만 더 있었더라면, 저 선수가 1등을 할 수 있었을 텐데."

"이 정도 수준의 영어 단어는 20번 정도만 쓰면 외울 수 있겠다."

공부할 때나 일상에서 혹은 방송을 보며 이렇게 '노력'이 아닌 구체적인 숫자로 표현하면, 아이들은 명확하게 자신과 상대의 수준을 알게 됩니다. 현실을 파악하고 구체적인 내일을 그릴 수 있게 되죠. 그 이후에는 누가 가르쳐 주지 않아도 자연스럽게 시간을 사용하는 법까지 깨우치게 됩니다.

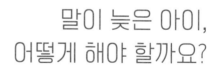

말이 늦은 아이,
어떻게 해야 할까요?

　아이가 말이 조금 느려서 걱정하는 부모님이 꽤 많습니다. 하지만 이 사실을 먼저 아셨으면 좋겠습니다. 같은 꽃도 저마다 다른 시기에 꽃을 피우는 것처럼, 아이도 마찬가지로 말을 조금 늦게 시작하거나 반대로 빠르게 시작할 수도 있습니다.

　정말 걱정해야 할 것은 아이가 말을 늦게 하는 것 그 자체가 아니라, 부모가 늘 "우리 아이는 말이 늦어요."라고 먼저 말해버리는 것이죠. 그 순간 아이의 생각은 이렇게 고정되어 평생을 그렇게 살게 됩니다.

　"나는 말이 늦은 아이다."

　"그건 나쁜 일이다."

　"나는 왜 이렇게 태어난 걸까?"

그렇게 아이는 말에 대한 자기만의 콤플렉스에서 빠져나오지 못하게 되죠.

"엄마가 도와줄게. 뭐가 문제야?"

"너는 말이 느리니까 나서지 말고."

"엄마가 해결할 테니까, 너는 잠시만 저기 서서 기다려."

아이가 조금 말이 느리다고 부모가 나서서 아이를 도와주는 행위를 하거나, 그 상황을 인정하는 의미의 말을 해버리면 아이가 가진 가능성의 세계는 순식간에 파괴됩니다.

물론 "평생 고치지 못하는 거 아니야?"라는 걱정스러운 그 마음도 충분히 이해합니다. 하지만 더 중요한 것이 무엇인지 파악하는 게 우선입니다. 단순히 말을 빨리 시작하는 게 좋은 건가요, 아니면 정확히 자기 생각을 표현하는 삶을 시작하는 것이 중요한가요? 후자의 삶이 더 가치 있는 삶이겠지요. 말이 조금 느린 아이들에게는 이런 이야기를 자주 들려주시면 좋아요.

"충분히 생각하고 이야기를 하는 네가, 나는 참 기특하고 자랑스럽단다."

"더 오래 생각하고 말하는 사람은 더 현명한 생각을 세상에 전할 수 있지."

"천천히 걸어가도 괜찮아. 속도보다는 방향이 중요한 법이니까."

답을 찾았다면 이제 아이가 스스로 자신의 시간을 견딜 수 있게 시간을 허락해야 합니다. 스스로 의욕을 다지고 또 잃기도 하면서 아이는 근사한 말의 씨앗을 자기 삶에 심기 시작할 겁니다. 기다리기만 하면 그 씨앗은 아이만의 꽃을 피울 수 있습니다. 다만 그 씨앗은 그 어떤 사람도 대신 심어줄 수 있는 것이 아니라는 사실을 기억해야 합니다. 부모도 마찬가지입니다. 아이가 오직 자기 자신만 의존하며, 어려움을 극복할 수 있게 믿고 스스로 해결할 기회를 주세요.

일상에서 일어나는 수많은 문제는 아이의 성장이 늦어서 시작되는 게 아니라, 부모가 아이의 성장을 기다릴 여유를 갖지 못해서 비롯될 때가 많습니다. 아이가 스스로 자신을 도울 수 있게 그 기회를 허락하면, 모든 것이 아름답게 해결됩니다. 이젠 다른 아이와 비교하지 말기로 해요. 대신 자기만의 생각을 구축하고 있는 사랑하는 아이의 시간을 더욱 응원해 주세요.

아이의 몸과 마음을
회복시키는 부모의 말

아무리 지적해도 말을 듣지 않는 아이,

집중력이 부족하고 늘 서투른 아이,

경청하지 못하고 안절부절못하는 아이,

문제를 끝까지 풀지 못하고 멈추는 아이,

몸의 각 부위를 쉬지 않고 움직이는 아이.

어떤가요? 이런 아이의 모습을 상상만 해도 가슴이 답답하고 마음이 아프지요. 일은 많은데 시간은 부족해서 답답한 하루를 살아야 하는 부모 입장에서는 특히 더욱 기운이 빠지고 힘이 드는 상황일 수 있습니다. 그래서 때론 아이들을 중간중간 빠르게 제압하려고 강제하는 표현을 쓰게 되죠. 하지만 아이들은 일상에서 그런 부모의 강압적인 표현을 접할 때마다 가슴이 무너지고 살아갈 가치마저 잃게 됩니다.

이런 아이들이 사는 가정을 보면 공통점으로 부모가 일상에서 이런 모습을 보입니다. 크게 네 가지로 정리하면 이렇습니다.

1. 큰 소리로 아이들의 기를 죽이기
2. 윽박질러 의견을 받아들이게 만들기
3. 충분히 설명하지 않고 대충 넘어가기
4. 예쁜 언어가 아닌 생각나는 대로 말하기

생생하게 느끼실 수 있게 하나 묻겠습니다.

"아이와 함께 보낸 시간을 만약 책이라고 한다면, 당신은 주변 사람들에게 그 책을 추천할 수 있나요?"

여기에서 이렇게 항변할 수도 있어요.

"저는 누구보다 아이와 많은 시간을 보내고 있다고요."

물론 아름다운 풍경입니다. 하지만 아이와 함께 보내는 시간 그 자체도 중요하지만, "얼마나 오랫동안 아이와 함께 있었는가?"보다 "아이와 보낸 시간의 질이 얼마나 높았는가?"가 중요합니다. 그리고 무엇보다 아이와 함께 하는 순간의 부모의 말이 더욱 중요합니다.

아이의 몸과 마음을 움직이는 것은 언제나 부모의 말입니다. 부모는 아이 앞에서 말하거나 사소한 거라도 일상에서 무언가를 결정할 때, 두 번 이상 생각하는 습관을 가져야 합니다.

그런 삶을 살고 싶다면 자신과 아이에게 이런 이야기를 자주 들려주는 게 좋아요.

"우리 앞으로 한 번 더 생각하고 말할까?"

"같은 표현도 예쁘게 바꾸려면 어떻게 해야 할까?"

"어떻게 하면 충분한 설명이 될 수 있을까?"

가급적이면 아이와 대화를 나눌 때, 차분한 음성으로 천천히 말하는 게 좋습니다. 차분한 음성은 마음까지 평온하게 해 주니까요. 원래 말이 빠른 부모라면 의식적으로 조금 느리게 해보는 것도 좋습니다. 그 변화를 아이가 눈치채지 못할 리 없으니까요.

또한, 위에 쓴 세 가지 질문을 아이와 함께 읽고 쓰면서 천천히 언어를 음미해 보세요. 말을 천천히 하는 게 힘들다면, 필사를 자주 하시는 것도 좋은 방법입니다. 어떤 필사도 말보다 빠를 수는 없으니까요.

산만한 태도와 어디에도 집중하지 못하는 아이의 상태는 고칠 수 없는 고질적인 병이 아닙니다.

가정에서 언어를 기품 있게 사용하면, 대부분의 나쁜 습관은 사라지고, 몸과 마음의 건강을 찾게 될 것입니다. 음식을 즐기듯 언어를 천천히 음미할 수 있게, 충분히 설명하고 예쁘게 말해 주세요.

아이의 가치를 발견해서 확장하는
부모의 언어

부모의 눈에 아이는 언제나 사랑스러운 존재이지만, 간혹 고치면 좋을 것 같은 문제가 하나둘 보이기도 합니다. 그럴 때마다 이런 고민을 하게 되죠.

"다리를 떠는 습관을 고쳐주고 싶은데, 어떻게 말해야 아이에게 부담이 되지 않으면서도 수월하게 원하는 효과를 기대할 수 있을까?"

결국 부모가 찾은 표현은 이것일 가능성이 큽니다. 많은 부모가 지금도 자주 쓰는 말이지요.

"넌 다 좋은데, 다리를 떠는 게 문제야."

문제는 아이의 반응입니다. 그 말을 들었을 때 아이의 기분이 어떨까요?

"아, 짜증 나. 또 단점 지적하려고 그러는구나!"

아이가 왜 그렇게 생각하는 걸까요? 이유는 간단합니다. 그간 부모가 자신의 단점을 지적하면서 그런 식으로 반복해서 말했기 때문입니다. 아이 마음에서는 이런 소리가 나오기 시작합니다.

"다 좋다고 말만 하지 말고, 제발 제 장점과 좋은 부분에 대한 칭찬도 해 주세요."

"넌 다 좋은데, 다리를 떠는 게 문제야."라는 말을 이렇게 바꾸면 아이의 생각과 삶을 대하는 자세 자체가 바뀝니다.

"넌 밥도 예쁘게 잘 먹고 앉아 있는 자세도 참 멋져서 믿음직한데, 가끔 다리를 떨어서 네 좋은 부분이 조금 사라지는 것 같아서 엄마는 그게 좀 아쉽네."

먼저 "다 좋다."라고만 말하지 말고 실제로 어떤 부분이 좋은지 선명한 언어로 전달을 해야 합니다. 그러고 나서 고치면 좋을 것 같은 부분에 대한 이야기를 가볍게 섞어서 전달하는 게 좋습니다.

사실 몰라서 그런 게 아닙니다. 우리는 스스로 잘 알고 있으면서도 이렇게 자꾸만 어리석은 선택을 반복하며 서로 나쁜 것만 주고 받죠. 식당에 10가지 종류의 음식이 있는데, 9가지는 나머지 하나에 비해서 누구나 쉽게 느낄 정도로 맛이 없는 음식이라면 당신은 무엇을 선택해서 즐기겠습니까? 당연히 맛있는 음식 하나를 선택해서 즐기겠죠. 그런데 왜 자꾸만 사랑하는 아이에게 가장 맛없는 9가지 음식만 주려고 하나요? 아이 입장에서는 부모의 지적이 맛없는 음식을 먹는 것과 같습니다.

가능성과 희망을 바라보는 시선이 필요합니다. 아이가 가진 현재의 진정한 가치를 발견하려면, 나쁜 것을 딛고 올라가 좋은 것을 바라봐야 합니다. 그렇게 나온 부모의 언어만이 아이가 스스로 자신의 가치를 깨닫게 할 수 있고, 그 과정을 통해 다른 분야로 자신의 생각을 확장할 수 있게 아이를 도와줄 테니까요.

아이의 감정까지 제어하며
강요하는 말의 실수

아이가 혼자 열심히 공부해서 본 시험에서 80점을 받았다고 가정해 보세요. 늘 60점 정도를 받다가 나온 점수라 아이는 스스로 매우 행복한 상태입니다. 행복한 기분을 숨기지 못하는 아이는 기대에 부푼 표정으로 부모에게 이렇게 말하죠.

"정말 열심히 공부하니까 점수가 오르네. 아, 행복한 이 기분!"

그러자 부모가 아이에게 바로 이렇게 응수합니다.

"그게 잘한 거라고? 친구들은 몇 점 받았어?"

"반 평균은 몇 점이니?"

"문제가 쉽게 나온 건 아니야?"

자신의 이야기일 수도 있고, 그게 아니더라도 주변에서 자주 볼 수 있는 사례 중 하나입니다. 아이가 스스로 공부해서 오른 성적에 대해 행복한 감정을 느끼고 있는데, 부모는 다른 아이와의 비교를 통해 "누가 더 잘했는지?", "80점이 과연 평균보다 높은 점수인지?", "그래서 아이에게 행복할 자격이 있는지?"를 측정하고 있는 셈입니다.

"에이, 그건 행복이 아니지."

"정말 그 정도로 만족한다고?"

"그건 수준 이하에 불과해."

왜 자꾸 아이를 평가하고 측정하려고 하나요? 친구들 점수를 묻는 부모의 말을 통해 아이는 그 안에 숨겨진 부모의 마음을 만나게 됩니다.

"당신의 언어가 지금 아이의 감정까지 제어하려고 하고 있습니다."

내가 이렇게 조언하면 바로 이렇게 답하는 부모가 많습니다.

"저는 절대 그렇게 하지 않습니다. 아이의 감정을 존중하고 자유롭게 키우고 있죠."

그렇지만 앞서 살펴본 대로 이미 아이는 자신의 '행복'과 '만족', 그리고 '성취감'이라는 감정을 부모의 언어로 평가받았으며, 그것은 행복이 아니라는 통지서까지 받게 되었습니다. 스스로 행복하다고 크게 외쳤지만, 부모가 자신의 기준을 통해 그것은 행복이 아니라는 결론을 내린 것이지요.

왜 자신의 기준을 아이에게 적용하나요? 왜 아이가 자신의 행복을 말하는데 다른 아이들의 점수가 필요한가요? 아이를 제대로 교육하는 것과 아이의 감정을 조절하는 것은 다른 문제입니다. 우리는 자주 이 둘 사이에서 잘못된 방향을 선택하게 됩니다. 아이의 태도와 삶의 자세를 좋은 방향으로 설정해 주려다가, 아이의 감정선을 건들게 되는 거죠.

물론 부모의 마음은 이해합니다. 하지만 그보다 앞서 우리는 "세상에 틀린 감정은 없다."라는 사실을 마음에 담을 필요가 있습니다. 아이는 부모의 소유물이 아니라, 그 자체로 하나의 인격체입니다. 그 사실을 잘 알고 있지만 일상에서는 종종 잊게 되지요. 다 사랑하기 때문일 겁니다. 뭐든 해 주고 싶은 마음이 강해서 실수도 하게 되지요.

아이가 스스로 자신의 감정에 충실할 수 있게 그 기회를 허락해 주세요. 그래야 감정을 스스로 조절하고 제어할 수 있는 힘도 키울 수 있습니다. 아이에게 "네 감정은 틀렸어."라는 인식이 아닌, "나는 네 모든 감정을 존중하고 응원한다."라는 따뜻한 온기를 전해 주세요. 후자의 마음을 받고 자란 아이는 세찬 바람이 불어도 흔들리지 않고 어떤 세상에서든 자신의 뜻을 펼칠 것입니다.

부모의 말 한마디에 웃고 우는 게 아이들입니다. 이토록 연약한 존재이지요. 그러니 더 믿고 기다려 주세요. 부모의 작은 표현 하나로 아이가 만날 세계는 순식간에 바뀝니다.

산만해서 집중하지 못하는 아이를
차분하게 이끄는 부모의 말

산만하다는 것이 반드시 나쁜 것은 아닙니다. 산만해서 집중하지 못한다는 말은, '이것저것 주변에 관심이 많아서 시선을 한 곳에 두지 않는다.'라고 말할 수도 있습니다. 단 하나에 집중하지 못할 뿐이지, 수많은 것에 관심을 두고 있으니까요.

산만한 아이는 마음을 둘 공간, 즉 여백이 있는 말이 필요하기 때문에 이런 말은 너무 직접적이라 아이에게 정말 좋지 않지요.

"넌 대체 왜 하나를 꾸준히 못하냐!"

"그래서 뭘 제대로 할 수 있겠어!"

"몇 번을 말하니. 제발 좀 가만히 있으라고!"

부모가 해야 할 일은 다음 3가지입니다.

1. 하나에 집중해야 할 이유를 알려 준다.

2. 스스로 집중할 수 있게 격려한다.

3. 더 좋은 방법이 있다는 사실을 깨닫게 한다.

위에 3가지 메시지가 녹아들어 있는 글을 자주 만나다 보면, 점점 대상을 바라보는 아이의 시선과 태도가 바뀌면서 하나에 집중할 수 있게 됩니다.

"뭐든 양도 중요하지만 질도 중요하단다. 정말 중요한 하나를 발견하면 집중하게 되지."

"우리 여기에 가만히 서서 꽃을 바라볼까? 우리에게 어떤 말을 하고 있는지 궁금하지 않아?"

"힘들게 보이는 것도 두 번, 세 번 생각하면 결국 풀 수 있는 방법을 찾을 수 있어."

"무언가 하나를 열심히 하려는 마음이 사람을 오랫동안 집중하게 만든단다."

"누구든 게임을 할 때처럼 집중할 수 있다면, 세상에 못할 일이 하나도 없을 거야."

아이가 산만할수록 부모는 조금 더 섬세하게 다가가야 합니다. 그래야 차분하게 아이를 바라보며 어디에 가능성이 있고, 무엇을 어떻게 이끌어야 하는지 발견할 수 있으니까요. 서두르면 상태는 더 나빠질 가능성이 높지요. 아이가 쉴 수 있는 '포근한 언어의 침대'를 놔준다는 생각으로 다가가면 실패하지 않을 겁니다.

아이가 어떤 결과를 만들었을 때, 부모가 절대로 하지 말아야 할 말

아이들은 매일 무언가를 새롭게 만듭니다. 그리고 부푼 마음으로 자신이 만든 작품을 부모 앞에서 선보이며 좋은 반응을 기다리죠. 그런데 부모 입장에서 볼 때는 늘 비슷한 것들이고, 별로 대단한 것이 하나도 없을 때가 많죠. 그래서 쉽게 생각하고 그때 기분에 따라서 아이 마음에 상처가 될 말을 하기도 합니다. 대표적으로 이런 말이 있습니다.

"네 나이면 그 정도는 해야지."

"나 지금 기분 최악이니까 조심해라."

"또 뭐야? 보나마나 뻔하지."

"이제 이런 거 그만 만들 때도 됐잖아!"

"알았으니까, 너는 이제 가서 잠이나 자!"

"그 정도는 다른 친구들도 다 하는 거야."

"얼마나 더 설명해야 이해하는 거니!"

"좀 쓸모 있는 짓 좀 하면 안 되겠니?"

"그 정도 가지고 호들갑 떨지 말라고 했지!"

아이가 부모에게 바라는 건 엄청난 칭찬이나 화려한 말, 혹은 거대한 반응이 아닙니다. 눈앞에 있는 아이의 현재에 집중하면서 자연스럽게 진실한 마음을 전하면 됩니다. 아이의 마음을 충만하게 만들 말을 전합니다.

"와, 네가 완성한 것들이 네가 정말 최선을 다했다고 말해 주는 것 같아."

"무엇보다도 네가 무언가 하나를 시작해서 끝냈다는 게 참 근사하다."

"오늘은 이 부분이 정말 새롭네, 너의 섬세한 마음이 느껴져서 더 좋다."

"네가 만든 것을 보면 나도 도움을 얻어. 새롭게 시작하는 기쁨이 전해지거든."

여기에서 중요한 건 다음 4가지입니다.

1. 평가와 비교의 언어를 제외해야 합니다.

2. 부모의 감정과 기분이 섞이지 않아야 합니다.

3. 조금씩이라도 변화된 모습을 발견해서, 그 가치를 알려 줘야 합

니다.

4. 자기만의 방식으로 무언가를 해내는 것이 얼마나 소중한 일인지 알려 줘야 합니다.

여기까지 읽으셨다면 아마 참 자주 읽으셨을 말이지만, 아무리 강조해도 지나치지 않으니 다시 전하게 됩니다. 오늘 아이가 만든 모든 것은 지금까지 부모가 보여 준 언어의 합으로 이루어진 소중한 결과입니다. 부모의 한마디가 아이들한테 어떤 영향을 끼치는지, 그 말이 아이가 만들 미래를 어떻게 바꿀 수 있는지 다시금 생각할 수 있다면, 언어를 골라서 쓰지 않을 수 없을 것입니다.

부모의 말은 '아이'라는 거대한 세계를 완성하는 견고한 벽돌입니다.

시험이 끝난 아이에게 "몇 점이야?" 라는 말 대신에 들려주면 좋은 4가지 말

앞서 조금 언급했지만, 보통 부모들은 시험이 끝난 아이들에게 이런 방식의 질문을 하게 되죠.

"몇 점 나왔니?"

"너보다 잘한 친구 많니?"

이런 모든 표현의 공통점이 뭘까요? 결과만 중심에 두고, 다른 친구들과 비교해서 아이의 수준을 결정한다는 점이죠. 물론 시험에서 결과를 무시할 수는 없습니다. 하지만 누구나 할 수 있는 그 일을, 굳이 부모가 나서서 또 할 필요는 없겠지요.

부모에게는 부모의 일이 있습니다. 부모는 아이의 시작과 과정을 하나하나 보며 관찰하는 사람이죠. 이런 식의 말로 아이들에게 힘과 용기를 주는 게 좋습니다. 꼭 기억하셔서 자주 들려주세요.

"이번 시험 기간에 너 정말 열심히 하더라."

"무언가에 집중하던 네 모습, 참 멋지고 근사했어."

"축하해, 네가 시작하고 네가 끝낸 일이 하나 더 늘었네."

"최선을 다한 네 모습에 엄마는 100점을 주고 싶어."

이런 식의 말을 들려주는 일이 아이 인생에 왜 중요할까요? 당장의 높은 점수도 물론 중요하지만, 지금 아이에게 가장 필요한 것은 무언가를 시작해서 끝을 본, 그 과정의 가치를 아는 것이기 때문이죠.

최고급의 서비스를 받아본 적이 없는 사람은 아무리 의지를 갖고 투철하게 서비스를 해도, 최고의 서비스를 해낼 수가 없습니다. 이유는 정말 간단해요. 받아본 적이 없어서 그게 뭔지 모르기 때문입니다.

아이들도 마찬가지입니다. 사람을 존중하는 아이로 키우려면 부모에게 존중받은 경험이 필요하고, 사람의 마음을 이해하는 아이로 키우려면 부모에게서 이해받은 경험이 필요합니다.

물론 모든 아이가 최선을 다해 공부하는 것은 아니죠. 시험 기간 내내 스마트폰을 보고 놀았거나, 다른 것에 빠져 공부를 하지 않았을 수도 있어요. 그럴 때는 "이건 우리 아이에게 속하는 내용은 아니네."라고 생각하지 마시고, 이 책에 나와 있는 '아이 스스로 공부하게 만드는 부모의 말'이나 '스마트폰 사용과 게임 시간을 스스로 제어하는 아이로 키우는 부모의 말', '아이의 자제력을 키우는 부모의 말' 등의 내용을 읽으시고, 시험에 최선을 다해 임하게 해 주세요. 그다음에 여기에 있는 말을 들려주면 되니까요.

시험은 그런 의미에서 매우 중요합니다. 아이에게 자신이 보낸 과정의 가치를 제대로 알려 줄 좋은 기회이기 때문입니다. 모든 교육에는 나름의 골든 타임이 있어요. 아이에게 과정의 가치를 알려 줄 수 있는 가장 좋은 시기를 절대로 놓치지 마세요.

아이의 자제력을 키우는 부모의 말

"왜 우리 아이는 유혹에 약한 걸까?"

"틈만 나면 게임만 하려고 하네, 어쩌지?"

이럴 때는 먼저 부모의 언어를 확인할 필요가 있어요. 지금 어떤 식의 말로 아이와 대화를 하고 있나요?

아이의 자제력을 길러주기 위해서 부모들이 가장 자주 활용하는 언어는 주로 '금지'의 의미를 담고 있는 것이 많아요. "어, 나는 그런 언어를 사용한 적이 없는데."라고 항변할 수도 있죠. 그러나 금지의 언어라는 것이 꼭 문장 안에 '금지'가 들어가 있는 것은 아니에요. 이를테면 이런 방식의 언어를 말하죠.

"게임 30분만 하고 '그만'하는 거야!"

"약속 '안' 지키면 혼난다!"

부모 입장에서는 "이게 왜 '금지'의 언어인가요?"라고 말할 수도 있어요. 하지만 잘 생각해 보면 알 수 있지요. 이것이 대표적인 금지의 언어인 이유는 '그만'과 '안'이라는 표현이 아이가 선택할 지점을 하나로 정했기 때문입니다. 부모는 "이 정도면 적절하게 잘 대응했어."라고 생각하겠지만, 아이 입장에서는 참 답답하죠.

아이가 자꾸만 몰래 게임을 더 하려고 하고, 어떻게든 오랫동안 게임을 하려고 눈치만 보는 이유가 바로 금지의 언어에만 길들어져 있어서 그렇습니다. 스스로 자기 마음을 억제하고 제어한 경험이 없어서, 누군가 나서서 억제하고 막지 않으면 자제력을 발휘할 수 없게 된 것이죠. 참 안타까운 현실입니다.

부모의 언어를 '금지의 언어'가 아닌, '허용의 언어'로 바꾸면 아이는 빠르게 자신의 욕망을 제어할 줄 아는 사람으로 성장하게 됩니다. 간단해요. 이렇게 할 수 있는 부분에 집중해서 표현하면 됩니다. 게임을 하기로 서로 합의한 시간이 다가오면 부모가 먼저 이렇게 말하는 거죠.

"와, 이제 게임 '할' 시간이네."

"오늘은 무슨 게임 '할' 거야?"

게임을 금지하려는 의도가 아닌, 허용한다는 마음을 담아서 대화를 나눌 때 아이는 스스로 선택할 지점을 발견하게 됩니다. 부모 입장에서는 걱정이 되죠.

"아이가 자신을 제어하지 못하고 게임만 하고 살지는 않을까?"

"유혹에 늘 무너지는 무력한 아이가 되지는 않을까?"

하지만 그렇지 않습니다. 아이에게 스스로 자신의 시간을 활용할 수 있게 '허용'의 가치를 알려 줘야, 비로소 '자제력'을 키울 수 있게 됩니다. 아이는 게임을 하면서 이런 생각을 할 겁니다.

"아, 30분만 게임을 하기로 약속했지. 지금 시간이 얼마나 지났지? 그래 10분 남았네, 그때 맞춰서 끝내자."

처음부터 자제력을 가지고 게임 시간을 지키기는 어렵겠지만, 얼마 지나지 않아 30분이 지나 이런 말과 함께 게임을 끝내고 당신의 얼굴을 바라보며 자랑스럽게 말할 겁니다.

"저, 약속한 대로 30분만 게임하고 끝냈어요."

생각만으로도 참 아름다운 풍경이죠. 부모가 무언가를 아이에게 허용하면 그 경험을 통해 아이는 스스로 자제력이 무엇인지 깨닫게 되면서, 온갖 유혹에서 벗어나 자신의 마음을 제어할 힘을 갖게 됩니다.

아이에게 가장 근사한 선물은
좋은 부모를 곁에 두고 사는 것입니다

지금까지 책을 읽으며 어떤 감정을 느끼셨나요? 우리는 아이를 기르며 부모가 되는 게 아니라, 진실한 한 사람으로 거듭나는 아이를 만나게 됩니다. 무언가 되는 것이 아니라, 파도와 파도처럼 수없이 서로 만나는 거죠. 핵심은 바로 거기에 있습니다. 사람이 사람을 만나는 일이라고 생각하며 아이를 대한다면 실패하지 않을 것입니다.

또한, 위대한 고전과 아름다운 예술 작품을 감상하듯 아이가 당신을 바라보며 살 수 있다면, 먼 훗날 아이가 당신보다 더 나이가 들어서도 그 소중한 기억을 결코 잊지 못할 것입니다.

중요한 것은 순서를 제대로 아는 것입니다. 부모가 모든 것을 다 해낼 수 없어 신은 인간에게 시간을 선물했습니다. 시간이 가면 저절로 되는 것은 시간에 맡기고, 당신은 시간이 해결할 수 없는 것을 가르치세요. 시간보다 소중한 것을 아이에게 주세요.

부모는 가끔 이런 고민에 잠깁니다.

"내가 죽을 힘을 다해 키운 이 녀석이 과연 커서 내 사랑을 기억하고 감사할까?"

자신에게 이런 질문을 던지면, 바로 고민에서 벗어날 수 있습니다.

"나는 내 부모님께 그렇게 하고 있는가?"

바람이 멈추지 않고 끝없이 멀어지는 것처럼, 부모의 삶도 자식과 끝없이 멀어집니다. 자식이 다 크면 부모는 어느새 사라지고 없죠. 부모의 마음은 부모가 되어서만 알 수 있습니다. 사랑할 시간은 언제나 지금이죠.

부모는 단순히 아이를 기르는 것이 아니라, 하나의 세계를 창조하는 것입니다. 아이가 하나의 단어를 이해한다는 것은 세상 어딘가에 마을 하나가 탄생하는 것이며, 아이가 한 사람을 사랑하게 된다는 것은 이 세계가 어제보다 조금 더 앞으로 진보한다는 사실을 의미합니다.

아무나 할 수 있는 게 아니라서 당신에게 맡겨진 것입니다. 당신만 가능한 일입니다.

그러나 세월은 빠르게 흐릅니다. 싱그럽던 낙엽도 결국 지는 것처럼 우리의 젊었던 시간도 점점 사라지죠.

"나는 무엇을 하며 살았던 걸까?"

"제대로 살고 있는 게 맞나?"

"정말 내 선택은 올바른 걸까?"

그렇게 확신할 수 없는 시간 동안, 아이는 점점 성장합니다.

부모가 처음이라, 확실한 것이 정말 아무것도 없어서 외롭고 불안했던 그 모든 나날을 견디며 살아온 나날의 합이, 바로 지금 그대의 오늘입니다.

당신 참 잘했어요. 지금까지 잘한 것처럼, 앞으로도 당신은 근사하게 해낼 것입니다. 그러니 아무것도 걱정하지 말아요. 당신의 사랑스러운 아이가 당신의 모든 것을 기억하고 있으니까요.

사랑하는 사람은 멈추지 않습니다. 또한, 사랑하는 사람은 포기하지 않습니다. 분노가 나를 공격해도, 사랑하는 사람은 길을 잃지 않아요. 힘들어도 당신이 다시 나서야 하는 이유는 아이는 자신을 사랑하고 믿는 사람에게 교육받기를 원하기 때문입니다. 세상에 쉬운 일은 없지만 반복하면 조금씩 수월해지고 사랑하면 완벽해집니다. 그래서 부모는 사랑의 언어로 아이 마음에 다가서야 합니다. 오직 그 방법만이 아이를 움직이게 할 수 있기 때문이죠.

세상의 모든 육아법을 굳이 다 배울 필요는 없습니다. 상황도 다르고 실패한 이들도 많기 때문입니다. 하지만 단 하나 아이를 향한 뜨거운 사랑은 반드시 배워야 합니다. 언제나 시작과 끝에는 사랑이 있으니까요. 그 마음으로 시작하면 뭐든 이룰 수 있습니다.

당신 참 잘했어요.
지금까지 잘한 것처럼,
앞으로도 당신은 근사하게 해낼 것입니다.
그러니 아무것도 걱정하지 말아요.
당신의 사랑스러운 아이가
당신의 모든 것을 기억하고 있으니까요.

부모의 말

1판 1쇄 펴냄 | 2022년 8월 25일
1판 10쇄 펴냄 | 2024년 3월 15일

지은이 | 김종원
발행인 | 김병준
편   집 | 박유진, 김리라
마케팅 | 김유정, 최은규
디자인 | 권성민, 백소연
발행처 | 상상아카데미

등록 | 2010. 3. 11. 제313-2010-77호
주소 | 서울시 마포구 독막로6길 11(합정동), 우대빌딩 2, 3층
전화 | 02-6953-7790(편집), 02-6925-4188(영업)
팩스 | 02-6925-4182
전자우편 | main@sangsangaca.com
홈페이지 | http://sangsangaca.com

ISBN 979-11-85402-64-2 (03370)